ADE
ESPA
GUIA DE
2

Publisher
Christian Burgos

Diretora de Operações
Christiane Burgos Miguez

Editor
Eduardo Milan

Produção e Revisão
Eduardo Milan e André Mendes

Projeto Gráfico
Ricardo Torquetto

Fotografias
Dollar Photo Club, rawpixel, Pixebay,
Pexels, Adobe Stock e Divulgação Vinícola
p. 163 - divulgação: Granja Remelluri/Carl
p. 170 - Covadonga Valdueza e Jesús R. R

Impressão
Vox Editora e Gráfica

ADEGA Espanha - Guia de Vinhos
2021 Produzido por

inner group

Região de Ribera del Duero,
em Castilla y León

World Wine

A MELHOR SELEÇÃO DE ESPANHA

SUMÁRIO

Rioja fica bem ao norte do país, ao redor do vale do rio Ebro, circundando a cidade de Logroño

Provar mais e mais

NOSSA MISSÃO SEMPRE FOI SERVIR AO leitor. Parte disto é ajudá-lo a encontrar os melhores vinhos. ADEGA, como revista, degusta centenas de rótulos por mês, mas queríamos mais...

Há uma década lançamos o ADEGA Brasil Guia de Vinhos, relançamos o guia Descorchados e descobrimos como faz diferença mergulhar fundo em cada região produtora do mundo para enxergar o agora, assim como numa imagem de radar, e ao mesmo tempo ter a visão temporal de um filme.

Em 2020, adicionamos Portugal a este rol. Agora nasce o ADEGA Espanha Guia de Vinhos por reconhecermos o enorme potencial desse país para entregar, ao mesmo tempo, grandes ícones e belos vinhos em todas as faixas de preço. Além disso, a Espanha está experimentando uma grande evolução enológica.

Tivemos a felicidade de unir uma equipe de grandes profissionais, que pensam como nós, servem ao leitor, reconhecem que o protagonista é o vinho, abraçam novos desafios com entusiasmo, trabalham muito e com grande profissionalismo. Eduardo Milan, editor deste guia, é um exemplo disso.

Desde que se uniu a nossa equipe de degustação há mais uma década, Eduardo se consolidou como um dos maiores degustadores do Brasil. Como se isso não bastasse, ninguém em nosso país degusta mais vinhos do que ele a cada ano. Esta expertise foi novamente colocada a seu serviço para degustar algumas centenas de vinhos e eleger os melhores vinhos da Espanha, aqueles que merecem um espaço em sua taça e também em sua adega.

¡Salud!

Christian Burgos
Publisher

APRECIE COM MODERAÇÃO
Mistral
A IMPORTADORA DOS MELHORES VINHOS
O melhor da
ESPANHA
A Rioja tem Viña Tondonia, Imperial, Remelluri, Lanzaga, Contino.
A Ribera del Duero tem Vega Sicilia, Pingus, Pesquera, Pérez Pascuas.
O Priorato tem Clos Mogador, Alvaro Palacios, Clos Figueras.
Jerez tem Hidalgo La Gitana.
...e a Mistral tem todos eles!
Os melhores vinhos da Espanha estão na Mistral.
MISTRAL, A IMPORTADORA DOS
MELHORES VINHOS DA ESPANHA
Compre pelo telefone: (11) 3174-1000
ou acesse nosso site: www.mistral.com.br

EDITORIAL

E a saga continua...

A PAIXÃO DE TODOS NÓS DE ADEGA pelo vinho e a nossa vontade de trazer informações cada vez mais completas aos nossos leitores foi a motivação para embarcarmos na ideia do incansável e visionário Christian Burgos e elaborarmos mais um guia, dessa vez de vinhos espanhóis.

Quando publicamos a primeira edição do ADEGA Brasil Guia de Vinhos, nunca imaginamos que 10 anos depois estaríamos lançando o ADEGA Espanha Guia de Vinhos.

De lá para cá, a árvore plantada em 2011 prosperou e deu muitos frutos. Atualmente, através do Descorchados e dos três guias ADEGA, oferecemos uma análise detalhada do panorama vitivinícola da América do Sul, com a cobertura da Argentina, do Brasil, do Chile e do Uruguai e agora também da Península Ibérica.

Nessa primeira edição, confirmamos as impressões de que os vinhos espanhóis estão em ótima fase, oferecendo diversidade de estilos e, acima de tudo, qualidade consistente nas mais variadas regiões, sejam nas mais tradicionais, como Rioja, Ribera del Duero e Priorato, ou nas menos conhecidas por aqui, como Bierzo e Madrid, por exemplo.

Mais uma vez agradeço ao Christian por idealizar e viabilizar esse projeto. Ao André Mendes pelo trabalho meticuloso e metódico, além da valiosa contribuição durante as inúmeras degustações. Ao Ricardo Torquetto, editor de arte, por mais esse brilhante trabalho. À Christiane Burgos, com seu pulso firme na coordenação, para que, dentro do possível e, às vezes, impossível, os prazos fossem cumpridos. Por fim, a toda a equipe da Inner Editora, que de uma forma ou de outra, contribuiu para esse guia se tornar realidade.

Eduardo Milan
Editor

LEGENDAS

Tabela de avaliação

Classificação	Pontos
Extraordinário	95 a 100
Excelente	91 a 94
Ótimo	89 a 90
Muito Bom	87 a 88
Bom	85 a 86
Regular	83 a 84
Fraco	abaixo de 82

Preços

até 50 reais	$
de 51 a 100 reais	$$
de 101 a 250 reais	$$$
de 251 a 500 reais	$$$$
acima de 501 reais	$$$$$

FAMILIA
TORRES
Desde 1870
A MARCA DE VINHOS MAIS ADMIRADA DO MUNDO
DRINKS INTERNATIONAL
cantu
IMPORTADORA
THE 2021
MOST ADMIRED
WINE
BRAND IN THE
WORLD
DRINKS
INTERNATIONAL
INTERNATIONAL
WINERIES FOR
CLIMATE ACTION
/CANTUIMPORTADORA
CANTUIMPORTADORA.COM.BR
AD 94
DESTAQUE OUTRAS REGIÕES
AD 94
DESTAQUE OUTRAS REGIÕES
AD 93
AD 93
AD 93
GRANS MURALLES
TORRES
Mas La Plana
PENEDÈS
TORRES
Milmanda
PERPETUAL
PRIORAT
TORRES
SALMOS
PRIORAT
TORRES

REGIÕES

Segundo o mais recente relatório da OIV, a Espanha é o país onde há mais área plantada com vinhas, o quarto maior produtor de uvas e o terceiro maior produtor de vinhos do planeta

INTRODUÇÃO E LEGISLAÇÃO DA ESPANHA

A vitivinicultura espanhola é riquíssima e hoje o país é o berço de alguns dos mais prestigiosos vinhos do mundo

A relação da Espanha com o vinho é antiga. Vem desde a época em que os romanos dominaram a Península Ibérica. Mas, bem antes disso, já havia videiras na região. De fato, há registros de que elas são lá cultivadas desde aproximadamente os anos 4.000 ou 3.000 a.C.

Durante os séculos e especialmente o período da Idade Média, a cultura do vinho sobreviveu à passagem dos bárbaros e também dos árabes, por causa de uma pequena produção para atender aos cristãos. E quando a filoxera atingiu os vinhedos da França em meados do séculos XIX, alguns produtores migraram para a Espanha, levando consigo suas técnicas de vinificação. Mais tarde, a doença chegou à Espanha, mas se espalhou de maneira lenta, devido à distância entre as regiões produtoras.

Desde a década de 1990, porém, a indústria vitivinícola espanhola tem passado por profundas transformações – maiores do que todas as ocorridas nos séculos anteriores – e por considerável processo de modernização, que não se limitou apenas ao campo, mas também incluiu toda a regulamentação do setor. Segundo o mais recente relatório da OIV, a Espanha é o país onde há mais área plantada com vinhas, o quarto maior produtor de uvas e o terceiro maior produtor de vinhos do planeta. Por ano, os espanhóis produzem cerca de 44 milhões de hectolitros de vinho e boa parte disso vem de aproximadamente 70 denominações de origem reconhecidas no país. Lá se produz vinho de norte a sul, de leste a oeste, e inclusive nas ilhas, como Baleares e Canárias. Embora a maior quantidade de vinhedos plantados seja de cepas brancas – dentre as principais, Verdejo, Albariño, Xarel-lo e Viura – não se pode negar que a fama dos vinhos espanhóis está ligada às uvas tintas genuinamente espanholas, como Tempranillo, Garnacha, Monastrell, Cariñena, Graciano, Mencía e Mazuelo. Mas, também se produzem muitos rótulos a partir das internacionais Cabernet Sauvignon, Merlot, Sauvignon Blanc e Chardonnay. Merece destaque a Tempranillo, cepa emblemática do país, cultivada extensamente por todo o norte e centro da Espanha.

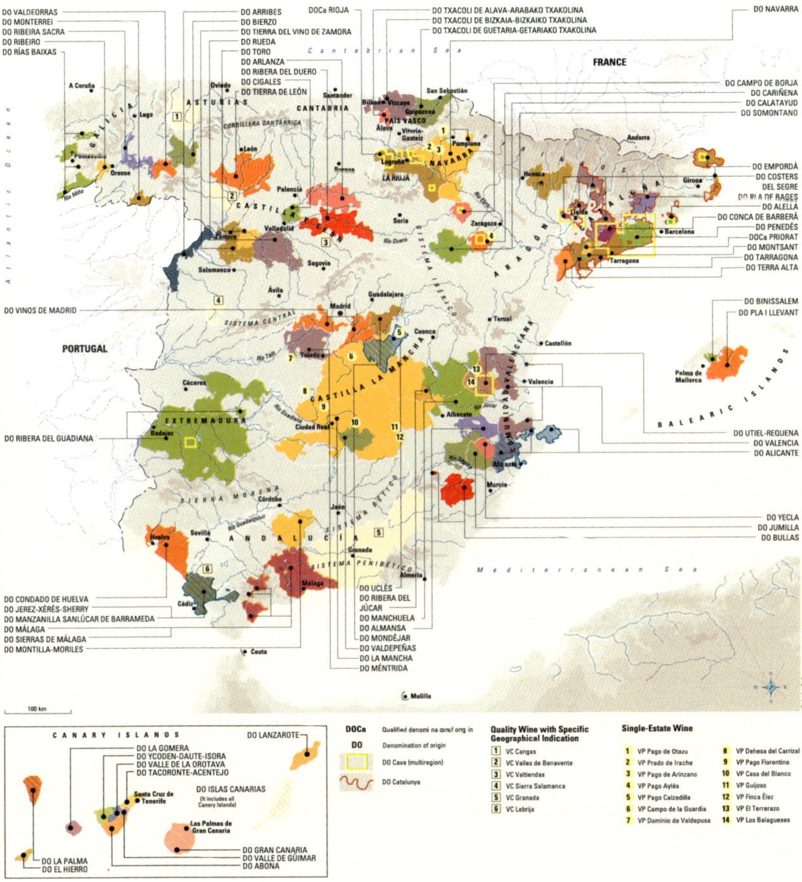
DO VALDEORRAS
DO MONTERREI
DO RIBEIRA SACRA
DO RIBEIRO
DO RÍAS BAIXAS
DO ARRIBES
DO BIERZO
DO TIERRA DEL VINO DE ZAMORA
DO RUEDA
DO TORO
DO ARLANZA
DO RIBERA DEL DUERO
DO CIGALES
DO TIERRA DE LEÓN
DOCa RIOJA
DO TXACOLI DE ALAVA-ARABAKO TXAKOLINA
DO TXACOLI DE BIZKAIA-BIZKAIKO TXAKOLINA
DO TXACOLI DE GUETARIA-GETARIAKO TXAKOLINA
DO NAVARRA
FRANCE
Cantabrian Sea
Atlantic Ocean
DO CAMPO DE BORJA
DO CARIÑENA
DO CALATAYUD
DO SOMONTANO
DO EMPORDÁ
DO COSTERS DEL SEGRE
DO PLA DE BAGES
DO ALELLA
DO CONCA DE BARBERÁ
DO PENEDÈS
DOCa PRIORAT
DO MONTSANT
DO TARRAGONA
DO TERRA ALTA
DO VINOS DE MADRID
PORTUGAL
DO BINISSALEM
DO PLA I LLEVANT
BALEARIC ISLANDS
DO RIBERA DEL GUADIANA
DO UTIEL-REQUENA
DO VALENCIA
DO ALICANTE
DO YECLA
DO JUMILLA
DO BULLAS
Mediterranean Sea
DO CONDADO DE HUELVA
DO JEREZ-XÉRÈS-SHERRY
DO MANZANILLA SANLÚCAR DE BARRAMEDA
DO MÁLAGA
DO SIERRAS DE MÁLAGA
DO MONTILLA-MORILES
DO UCLÉS
DO RIBERA DEL JÚCAR
DO MANCHUELA
DO ALMANSA
DO MONDÉJAR
DO VALDEPEÑAS
DO LA MANCHA
DO MÉNTRIDA
100 km
© Javier Belloso
CANARY ISLANDS
DO LANZAROTE
DO LA GOMERA
DO YCODEN-DAUTE-ISORA
DO VALLE DE LA OROTAVA
DO TACORONTE-ACENTEJO
DO ISLAS CANARIAS (It includes all Canary Islands)
DO GRAN CANARIA
DO VALLE DE GÜIMAR
DO ABONA
DO LA PALMA
DO EL HIERRO
DOCa Qualified denomi na conof orrg in
DO Denomination of origin
DO Cava (multiregion)
DO Catalunya
Quality Wine with Specific Geographical Indication
1 VC Cangas
2 VC Valles de Benavente
3 VC Valtiendas
4 VC Sierra Salamanca
5 VC Granada
6 VC Lebrija
Single-Estate Wine
1 VP Pago de Otazu
2 VP Prado de Irache
3 VP Pago de Arínzano
4 VP Pago Aylés
5 VP Pago Calzadilla
6 VP Campo de la Guardia
7 VP Dominio de Valdepusa
8 VP Dehesa del Carrizal
9 VP Pago Florentino
10 VP Casa del Blanco
11 VP Guijoso
12 VP Finca Élez
13 VP El Terrerazo
14 VP Los Balagueses

O sistema de Denominación de Origen (DO) espanhol foi criado em 1932, mas posteriormente revisado em 1970 e atualizado em 2016 para se chamar Denominación de Origen Protegida. Hoje há mais de 130 áreas consideradas DOP e IGP (Indicação de Origem Protegida) na Espanha. Dentro da categoria DOP, há o status de Denominación de Origen Calificada (DOCa ou DOQ em catalão) com duas regiões consideradas, Rioja e Priorat. Mas ainda há os ditos Vinos de Pago e Vino de la Tierra, por exemplo. Além das inúmeras denominações de origem, a Espanha tem ainda uma curiosa legislação em relação aos termos ligados ao envelhecimento do vinho. São considerados quatro níveis, que podem levar o nome de Jóven, Crianza, Reserva e Gran Reserva de acordo com o tempo de estágio das bebidas em barricas e em garrafa antes de serem lançadas no mercado. Sim, a vitivinicultura espanhola é riquíssima e hoje o país é o berço de alguns dos mais prestigiosos vinhos do mundo.

ENVELHECIMENTO

- **Jóven:** Vinhos engarrafados e colocados no mercado um ano após a sua safra, podendo ou não ter passado por madeira.

- **Genérico:** nomenclatura usada em Rioja geralmente para vinhos em seu primeiro ou segundo ano, que mantêm suas características primárias de frescor e de fruta. Esta categoria também pode incluir outros vinhos que não se enquadram nas categorias de Crianza, Reserva ou Gran Reserva, embora tenham sido sujeitos a processos de envelhecimento.

- **Crianza:** Para tintos, o vinho deve ter envelhecido por, pelo menos, 24 meses, sendo que deve passar seis em carvalho (exceto Rioja e Ribera del Duero que precisam estagiar por 12 meses em barris). Para brancos e rosados, o período mínimo de envelhecimento é de 18 meses e não há disposições quanto ao uso de madeira.

- **Reserva:** No caso dos tintos, o período mínimo de envelhecimento é de 36 meses, sendo 12 deles em barris e o restante em garrafa. Para brancos e rosados, o vinho deve envelhecer por 18 meses, sendo seis deles em madeira e os demais em garrafa.

- **Gran Reserva:** Os tintos Gran Reserva envelhecem por, no mínimo, 60 meses, sendo 18 deles em madeira (exceto Rioja e Ribera del Duero que devem passar 24 meses em barris) e o restante em garrafa. Para brancos e rosados, os períodos são de 48 meses de envelhecimento, sendo seis deles em carvalho.

ADEGA

PREMIADOS
GUIA DA ESPANHA

DESDE 1924

RAMÓN BILBAO

HARO · RIOJA ALTA

cantu IMPORTADORA

O ESQUEMA DE DENOMINAÇÕES ESPANHOL

- **DOP** - Denominación de Origen Protegida é a base do sistema de controle de qualidade do vinho espanhol. Cada região é governada por um conselho regulador. São atualmente mais de 90 DOPs subdivididas em DOCa, DO, VP e VC.

- **DOCa / DOQ** - Denominación de Origen Calificada é semelhante à denominação italiana Denominazione di Origine Controllata e Garantita (DOCG), para regiões com registro de qualidade consistente. Rioja em 1991 e Priorat em 2003 são as únicas dessa categoria.

- **DO** - Denominación de Origen é o termo para regiões vinícolas reguladas por um Conselho Regulador.

- **VP** - Vino de Pago é um termo especial para vinhos de alta qualidade, de uma única propriedade. Esta categoria foi criada em 2003. Há 14 Vinos de Pago atualmente na Espanha.

- **VC** - Vino de Calidad con indicación geográfica foi uma categoria também criada em 2003. Ela é usada para vinhos que não atendem os padrões da categoria DO, mas estão acima dos padrões da categoria IGP. São seis locais que ostentam essa categoria atualmente.

- **IGP** - Indicación geográfica protegida está abaixo do nível DOP e ainda vinculado a uma região determinada, porém com menos regras. Eles podem usar o termo tradicional Vino de la Tierra (VT ou VdlT).

- **VdM** - Vino de Mesa são vinhos feitos de vinhedos não classificados ou uvas que foram desclassificadas.

PUBLI EDITORIAL

SEDE FREIXENET

Em 2018, a espanhola Freixenet e a alemã Henkell se fundiram, tornando-se o grupo Henkell Freixenet, líder mundial no setor de espumantes. A fusão permitiu que o grupo ampliasse seu portfólio e alcançasse novos mercados e canais de distribuição. Em 2020, a empresa anunciou o reposicionamento da Henkell Freixenet no Brasil e dobrou a sua gama de produtos, passando a comercializar mais de 60 rótulos no país, como espumantes alemães e italianos, além da inclusão de vinhos espanhóis de altíssima qualidade, que são encontrados em empórios especializados, supermercados e também no ecommerce do grupo no Brasil.

A empresa fechou o ano de 2020 com ótimo resultado e crescimento de 60% em volume de vendas e 7% em market share, representando hoje quase 20% do total no mercado brasileiro. "Vivemos um momento incrível. A marca está presente no Brasil há 30 anos e, em 2020, vendemos mais de 1 milhão de garrafas. Além disso, viramos importador único, o que nos permitiu dobrar o faturamento. Atualmente, o Brasil responde por 60% das vendas na América Latina. Agora, o nosso objetivo é consolidar a marca como líder em espumantes e vinhos espanhóis no país", pontua Fabiano Ruiz, diretor-executivo da Henkell Freixenet no Brasil.

ANDALUZIA

O solo do tipo "Albariza" é caracterizado pela cor branca e a composição calcária, com elementos orgânicos de origem marítima

Na Andaluzia, sul da Espanha, ao redor da cidade de Jerez de La Frontera, ficam as denominações Jerez-Xérès-Sherry e Manzanilla Sanlúcar de Barrameda, que compartilham similaridades. Jerez é tradicionalmente um vinho fortificado feito com uvas brancas pelo processo de Soleras e Criaderas. No caso do Jerez, a adição do álcool vínico não ocorre durante a fermentação, mas sim após a conclusão da fermentação. Assim, o resultado da fortificação não é necessariamente um vinho com alto teor de açúcar, como o Vinho do Porto, por exemplo. O vinho pode ter diversas classificações como Fino, Oloroso, Manzanilla, Amontillado etc., dependendo de nuances em sua produção. O clima da região é costumeiramente seco e quente, temperado pelas brisas do oceano pela manhã. Os solos tendem a ser divididos em três tipos principais. Albariza seria uma mistura de calcário, argila e areia, que preserva bem a umidade e é melhor indicado para o cultivo de Palomino. Barros seria uma mistura com mais teor de argila e menor de calcário. E, por fim, o Arenas, como o próprio nome sugere, possui maior proporção de areia. Estes dois últimos tipos de solo são mais indicados para a produção de Pedro Ximénez e de Moscatel.

TIPOS DE JEREZ

I) GENEROSOS

Generosos é o termo que os espanhóis usam para os vinhos fortificados e também é usado para denominar os estilos de Jerez secos. Segundo o conselho regulador, esses vinhos devem ter açúcar residual máximo de 5 gramas por litro. O processo de produção inclui fermentação completa dos mostos – de uvas da variedade Palomino – ao final da qual surge no vinho o véu de leveduras, dito "véu de flor". A decisão do enólogo de fortificar o vinho-base a 15% ou acima de 17% de álcool determinará o tipo de envelhecimento a que o vinho será submetido e, a partir daí, surgem os estilos.

- **Fino:** É um vinho branco seco feito a partir de uvas Palomino envelhecido sob a camada de leveduras do véu de flor, também conhecido como envelhecimento biológico. O vinho-base é fortificado a 15% de álcool a fim de promover o desenvolvimento do véu. O envelhecimento, em barricas de carvalho americano através do sistema tradicional de "criaderas" e "solera", deve ter condições microclimáticas de umidade e temperatura para que a flor se mantenha ao longo de todo o período (mínimo de dois anos).

- **Manzanilla**: Manzanilla também é um vinho branco seco feito com uvas Palomino e envelhecido sob uma camada de véu de flor. O procedimento é exatamente o mesmo do descrito no Fino, com o detalhe de que seu envelhecimento é realizado exclusivamente nas vinícolas de Sanlúcar de Barrameda. Às vezes, os Manzanilla podem ser submetidos a períodos de envelhecimento muito longos, nos quais a flor se torna ligeiramente fraca, causando um pequeno nível de oxidação e maior complexidade. Esses vinhos são denominados Manzanillas Pasadas.

- **Palo Cortado:** Diz-se que a origem do Palo Cortado é da época em que os bodegueiros ficavam observando se o véu de flor se dissolvia e, caso isso ocorresse, faziam uma nova marca na barrica – já marcada com um risco indicando que dela fariam provavelmente um Fino – para apontar que ela então passaria por um envelhecimento oxidativo. Então, assim como Amontillado, o Palo Cortado é fortificado, tem uma primeira fase sob o véu de flor, e depois é fortificado novamente para passar por um processo oxidativo. Ele costuma diferir, em termos de procedimento, do Amontillado pelo tempo do envelhecimento biológico, que aqui tende a ser mais curto (um ano ou menos).

- **Amontillado:** O Amontillado combina o envelhecimento sob um véu de flor, típico dos Finos, com um período posterior em que o véu desaparece e o vinho (também elaborado com Palomino) fica exposto à oxidação. Esta mistura de envelhecimentos dá complexidade à bebida. Ao longo do primeiro período nas criaderas (mínimo dois anos) sob véu de flor, o vinho adquire notas agudas e acentua o paladar seco. Após um determinado momento, o desaparecimento do véu provoca uma segunda fase de envelhecimento oxidativo, que vai escurecendo gradualmente o vinho e dando concentração e complexidade.

- **Oloroso:** Aqui, os provadores separam o mosto que acreditam ter estrutura para fazer envelhecimento oxidativo. Assim, eles são fortificados até 17% de álcool, o que evita o surgimento do véu de flor. O vinho então envelhece exposto à ação lenta do oxigênio desde o início através do sistema de criaderas e solera. Os Olorosos atingem graduações alcoólicas mais altas, às vezes acima de 20%, resultado do longo processo de envelhecimento, em que as barricas permitem a evaporação de uma parte significativa da água contida no vinho, fazendo com que ele ganhe concentração e complexidade.

II) GENEROSOS DE LICOR

São três os tipos de vinhos chamados de Generosos de licor, obtidos por mistura – chamada de cabeceo, em espanhol – de vinhos Generosos com vinhos doces naturais ou com mosto concentrado. São vinhos com diferentes graus de doçura, mas sempre com um teor de açúcar superior a 5 gramas por litro. Os estilos dependem dos vinhos fortificados usados como base e dos níveis finais de doçura do blend.

- **Pale Cream:** Feito a partir de vinho envelhecido biologicamente – Fino ou Manzanilla – ao qual foi adicionado mosto concentrado para lhe dar um toque de doçura. Geralmente se utiliza o mosto concentrado, produto da uva, e que incorpora exclusivamente açúcares e parte da sua água biológica em vez dos vinhos doces naturais, porque permite conservar o blend final e a cor amarelo pálido original.

- **Medium:** Obtido a partir de uma mistura de um vinho fortificado com um vinho doce natural ou

BEBA COM MODERAÇÃO
CORAVIN®
CORAVIN
Deguste
a mesma garrafa,
taça a taça
durante meses.
Mantenha as características
e propriedades de seu vinho
com o moderno sistema Coravin®
Compre em:
AdegaOnline.com.br
Como usar o seu Coravin®
✓ Coloque o Coravin® na parte superior da garrafa. Pressione para baixo para que a agulha atravesse a rolha.
✓ Incline a garrafa como faria normalmente ao servir. Pressione e solte o gatilho para servir o vinho. Retorne a garrafa à posição vertical para parar de servir.
✓ Retire o Coravin® puxando-o para cima. A rolha voltará ao seu estado original e sua garrafa pode voltar à sua adega.

O Jerez com seu método de produção singular é o vinho mais conhecido de Andaluzia

mosto concentrado. Os vinhos base são normalmente Amontillados ou vinhos que, embora tenham sido envelhecidos oxidativamente, também tiveram certo envelhecimento biológico. Em qualquer caso, o que define fundamentalmente o caráter do Medium é o grau de doçura, que pode ser entre 5 e 115 gramas por litro.

- **Cream:** Este é vinho licoroso fortificado obtido pela mistura de vinhos fortificados de envelhecimento oxidativo (principalmente Olorosos) com uma contribuição significativa de vinho doce natural (geralmente Pedro Ximénez) ou mosto concentrado. Todo o processo de envelhecimento é, portanto, de natureza oxidativa e o resultado do blend deve apresentar um teor de açúcar superior a 115 gramas por litro.

III) VINHOS DOCES NATURAIS

Os vinhos doces naturais são obtidos a partir dos mostos de uvas muito maduras ou desidratadas, geralmente das castas Pedro Ximénez ou Moscatel. Os mostos são fermentados apenas parcialmente, de forma a preservar a maior parte da doçura original. Para isso, adiciona-se álcool vínico assim que começam a fermentar. Os vinhos envelhecem em contato direto com o oxigênio, o que faz com que adquiram cor intensa e aspecto denso.

- **Pedro Ximénez:** O Pedro Ximénez, ou PX, é obtido a partir da variedade de mesmo nome, que é submetida ao tradicional processo de secagem ("passificação" - asoleo, como dizem os espanhóis), até que a uva desidrate intensamente. Após a prensagem, obtém-se os mostos que apresentam uma grande concentração de açúcares e de cor, cuja fermentação é interrompida com adição de álcool vínico. O envelhecimento é exclusivamente oxidativo. Diz-se que o PX é o vinho mais doce do mundo.

- **Moscatel:** Feito a partir da uva de mesmo nome, seja ela muito madura, seja desidratada. A fermentação é interrompida com a adição de álcool vínico e o envelhecimento, de natureza exclusivamente oxidativa, favorece uma concentração aromática progressiva e grande complexidade, procurando sempre não perder o frescor e o carácter frutado típico da casta.

O QUE É O ENVELHECIMENTO BIOLÓGICO?

Em Jerez, após a fermentação dos mostos de Palomino, a graduação do vinho atinge níveis entre 11 e 12,5% de álcool, insuportável para leveduras fermentativas normais. A partir daí entram em ação outras leveduras que não transformam açúcar em álcool, mas capturaram moléculas de etanol e combinam com o oxigênio, dando origem a um novo composto chamado acetaldeído. Isso pode ocorrer em um meio submerso por algum tempo, mas depois de alguns dias o oxigênio dissolvido se exaure, e elas só podem continuar a "respirar" na superfície do vinho. Com as condições ambientais adequadas - fundamentalmente umidade, temperatura e disponibilidade de oxigênio -, elas começam a se reproduzir e colonizam totalmente a superfície nos tanques de fermentação. Depois de alguns dias, toda a superfície do vinho ficará coberta pelo véu de flor. Com o véu, o vinho fica isolado do contato direto com o ar e, assim, protegido da oxidação direta. O véu gera um ambiente redutor dentro da barrica e as leveduras continuam a consumir qualquer quantidade de oxigênio dissolvido e também outros elementos: açúcares residuais, ácido acético, glicerol, proteínas etc. O contato contínuo dessas leveduras com o vinho irá transformar significativamente o seu perfil e, consequentemente, também as suas características de aroma, sabor e textura. O único aspecto que se mantém relativamente inalterado é a cor, devido à proteção que o véu proporciona dos processos oxidativos.

Véu de flor é o processo biológico em que há o aparecimento espontâneo de uma camada de leveduras na superfície do vinho e isso contribui com uma série de características de aromas e sabores

- Barbadillo p.114
- Caballero p.122
- Hidalgo p.166
- Sanchez Romate p.206

ARAGÓN

Bodegas Borsao, um dos principais produtores na DO Campo de Borja

Aragão (Aragón) é originalmente uma região de produção de vinhos rústicos e artesanais, a história da região começou a mudar a partir do desenvolvimento das sub-regiões: Somontano, Campo de Borja, Cariñena e Calatayud. Estas duas últimas são DOs vizinhas, com clima continental e baixos índices pluviométricos. Embora a Garnacha seja ainda a casta mais cultivada, seus Consejos Reguladores têm incentivado o maior uso da Tempranillo, especialmente na produção de vinhos Crianza e Reserva. Curiosamente, a cepa Cariñena é pouco plantada na região de mesmo nome. Somontano, por sua vez, apresenta uma série de microclimas e a quantidade de chuva é maior. No final dos anos 1980, ganhou status de DO, produzindo tintos, brancos e rosés de bom custo. A DO Campo de Borja, criada em 1980, possui um patrimônio vitivinícola muito rico em relação à uva Garnacha - dos quase 4.000 hectares dessa variedade, mais de 2.000 têm entre 30 e 50 anos.

Calatayud

- Chapillon **p.132**

Campo de Borja

- Borsao......................... **p.119**
- Muriel Wines **p.187**

ADEGA
OS ÍCONES PREMIADOS
DIRETO DA ESPANHA PARA A CANTU
Cruz de Alba
CASTILLO DE ARESAN
TEMPRANILLO TINTO FINO
ECOLÓGICO
VEGANO
MIRTO
RAMON BILBAO
RIOJA
TORRES
GRANS MURALLES
CONCA DE BARBERÀ
FAMILIA TORRES
Mas La Plana
PENEDÈS
AD 91
AD 90
AD 94
DESTAQUE RIOJA
AD 94
DESTAQUE OUTRAS REGIÕES
AD 94
DESTAQUE OUTRAS REGIÕES
cantu IMPORTADORA
/CANTUIMPORTADORA
CANTUIMPORTADORA.COM.BR

CASTILLA-LA MANCHA

Castilla-La Mancha abrange as denominações La Mancha, Manchuela, Valdepeñas e Méntrida, entre outras

Da região mais central do país, onde o clima é continental ao extremo, sem qualquer influência marítima, com baixo índice pluviométrico, verões com temperaturas próximas a 40°C e invernos em que os termômetros chegam normalmente abaixo de 0°C, vem quase 50% do total de litros de vinho produzidos anualmente na Espanha. Trata-se de Castilla-La Mancha. Nessa macrorregião estão as denominações La Mancha, Manchuela, Valdepeñas, Méntrida e Vinos de Madrid, entre outras.

La Mancha é a maior denominação do país e a maior área vitivinícola contínua do mundo, abrangendo 182 municípios, divididos em quatro províncias: Albacete, Ciudad Real, Cuenca e Toledo. Tamanha área faz com que os vinhos sejam os mais diversos, assim como as cepas. Contudo, os principais destaques aqui também são as variedades brancas, especialmente a Airén, um casta local amplamente plantada (que muitas vezes é destilada para formar o brandy de Jerez). Entre os tintos, destaque para os produzidos com Cencibel, outro nome da Tempranillo. A região conta ainda com diversos Vinos de Pago. A expressão "La Mancha" tem origem árabe (Mantxa), cujo significado é "terra seca". De fato, a região é seca. O microclima local impede a entrada de correntes úmidas e, assim, os índices pluviométricos são baixos. O clima é continental, com verões quentes e invernos rigorosos, quando se verifica a ocorrência de temperaturas negativas e

BEBA COM MODERAÇÃO.
Sangre de Toro
TEMPRANILLO
2017
Sangre de Toro
ORIGINAL
2017
PROPIEDAD DE BODEGAS TORRES
WINE in MODERATION.com
Art de Vivre

geadas prolongadas. Por outro lado, a ocorrência de sol é de aproximadamente 3.000 horas/ano. A composição do solo é calcário-argilosa.

A DO Manchuela foi reconhecida em 2000. Seus vinhedos situam-se entre 600 e 1000 metros acima do nível do mar, com solos argilosos de base calcária. Aqui, as variedades tintas representam cerca de 80% da área total cultivada - a mais importante é a Bobal, mas também possui Syrah, Tempranillo, Monastrell e Garnacha. A principal uva branca da região é a Macabeo.

Localizada no sul de Castilla-La Mancha, a área da DO Valdepeñas (criada em 1968) é delimitada pelo rio Jabalón de leste a oeste e abrange 22.000 hectares de vinhedos com mais de 2.500 agricultores. Compartilha do clima de sua vizinha, mas tem construído sua boa reputação graças à produção de vinhos de

SERRA DE GREDOS

Os vinhos de Serra de Gredos, região localizada a oeste de Madrid, vêm chamando a atenção dos críticos nos últimos anos. A zona é sobretudo conhecida pelas vinhas velhas de Garnacha, que originam tintos de excelente qualidade, mas também se destaca com os brancos feitos a partir de Albillo Real, outra variedade local. Os vinhedos estão plantados em solos graníticos, entre 500 e 1200 metros de altitude. Curiosamente, não existe uma denominação Sierra de Gredos oficial, então os vinhos (de três diferentes províncias) podem aparecer como DO Madrid, DO Méntrida ou Vino de la Tierra de Castilla y León, mas já há projetos para uma regulamentação específica.

qualidade superior, geralmente varietais de Tempranillo ou blends desta com cepas internacionais.

A área de produção da DO Méntrida, instituída em 1976, situa-se no norte de Toledo, fazendo fronteira com as províncias de Ávila e Madrid, e estende-se até o sopé da Serra de Gredos a leste. A principal variedade é a Garnacha, mas também possui as tintas Tempranillo, Cabernet Sauvignon, Merlot, Syrah, Petit Verdot, Cabernet Franc e Graciano. As brancas são Albillo Real, Macabeo, Sauvignon Blanc, Chardonnay, Verdejo e Moscatel de Grano Menudo.

A denominação de origem Vinos de Madrid é dividida em quatro sub-zonas. A primeira é Arganda, no sudeste de Madrid. Depois vem Navalcarnero, no sudoeste. Em seguida, San Martín de Valdeiglesias, a parte mais ocidental. E, por fim, El Molar, região ao norte de Madrid. Em Arganda, predominam as formações sedimentares, com alto teor de calcário (carbonatos), geralmente com uma textura argilosa. Os solos de Navalcarnero também são sedimentares, ligados à ação do rio Guadarrama, embora sua natureza seja bem diferente, de origem siliciosa. A textura franco-arenosa é a mais comum. Os solos de San Martín de Valdeiglesias são eminentemente graníticos e também aparecem gnaisse e rochas filonianas. Os solos de El Molar são desenvolvidos em materiais geológicos muito diversos: granitos, quartzitos, xistos, gnaisses, arenitos, margas, calcário marga, calcário, com grande heterogeneidade. As variedades preferidas de uva branca são a nativa Malvar em Arganda, Navalcarnero e El Molar e a tradicional Albillo Real em San Martín. Entre as tintas, as principais são Tinto Fino (Tempranillo) em Arganda e Garnacha Tinta em Navalcarnero, El Molar e San Martín de Valdeiglesias. Aliás, a Garnacha representa 75% dos vinhedos da região. Existem ainda outras castas autorizadas: Negral (Garnacha Tintorera), Graciano, Merlot, Syrah, Cabernet Sauvignon, Petit Verdot, Airén, Grão

Castilla-La Mancha

- Castillo de Aresan ... **p.129**
- Familia Conesa - Pago Guijoso **p.145**
- Fontana **p.148**
- Hammeken Cellars .. **p.164**
- Muriel Wines **p.187**
- Tinedo **p.219**
- Verum........................ **p.234**
- Victorium III **p.236**

La Mancha

- García Carrión **p.155**
- Sangre de Toro **p.208**

Manchuela

- Ponce **p.200**

Méntrida

- Arrayán........................ **p.110**
- Canopy **p.123**

Madrid

- Marañones................. **p.174**

CASTILLA Y LEÓN

Vista de Frías, em Burgos, pequena cidade medieval com uma superfície total de 32 quilômetros quadrados

A macrorregião de Castilla y León situa-se no centro-norte da Espanha. Por ela, passa o rio Duero – o mesmo que em Portugal recebe o nome de Douro. É uma área bastante relevante no país, tanto historicamente quanto para a indústria do vinho. Isso porque, dentre suas sub-regiões, estão as DOs Bierzo, Ribera del Duero, Rueda e Toro.

Na DO Bierzo, já na fronteira com a Galícia, produzem-se predominantemente vinhos tintos. O clima é mais quente que o da Galícia, embora a região ainda se beneficie das frescas brisas marítimas. A principal cepa é a Mencía, que se acreditava ser capaz de dar apenas vinhos mais diluídos. Entretanto, assim como aconteceu no Priorat, um grupo de jovens produtores, aproveitando vinhas velhas existentes no local e utilizando melhores técnicas de cultivo e vinificação, têm produzido rótulos mais concentrados, com boa fruta e intensidade aromática, balanceados por boa acidez natural.

Ribera del Duero, uma das denominações mais famosas do país, está localizada no grande planalto norte da Península Ibérica, composto por um grande pedestal antigo e, em parte, coberto por sedimentos terciários. O maior volume desses sedimentos é constituído por camadas mais ou menos lenticulares de areia siltosa ou argilosa, destacando-se a alternância de camadas, tanto calcárias quanto margas, e até concreções calcárias. A bacia hidrográfica, formada durante o período Mioceno, apresenta níveis horizontais, suavemente ondulados, limitados pela erosão, e hoje convertida ao estado de peneplanície. Há mais de 30 tipos diferentes de solos catalogados na região. O clima é temperado continental, ou seja, bastante rigoroso e com pouca umidade. Os vinhos de Ribera del Duero são majoritariamente tintos. Para eles, o conselho regulador obriga que sejam feitos com, no mínimo, 75% de Tempranillo. Mais que isso, para usar a Tempranillo em conjunto com Cabernet Sauvignon, Merlot e Malbec, a soma das quatro castas não deve ser inferior a 95%, ou seja, a Garnacha e a branca Albillo (as últimas duas variedades autorizadas) não podem ser utilizadas em mais de 5% na composição dos tintos. Até setembro de 2019, os brancos não recebiam status de DO, havia apenas a menção de uma indicação geográfica protegida. Agora, de acordo com os novos regulamentos para “La Ribera Blanca”, as vinícolas poderão produzir vinhos brancos que contenham pelo menos 75% da principal uva branca da região, Albillo Mayor. Os rosés sim, possuem esse status, e devem ser produzidos com um mínimo de 50% das variedades tintas autorizadas.

A DO Rueda está entre Toro e Ribera del Duero. O que a difere das vizinhas é o fato de que seu foco principal está na produção de brancos. Historicamente, em Rueda se produzia vinhos no estilo de Jerez. Com a modernização, apoiados no clima continental e no solo calcário do local, iniciou-se a produção de brancos mais leves e frutados. A Sauvignon Blanc é importante na região, mas a mais tradicional casta de Rueda é a Verdejo, que dá vinhos elegantes, aromáticos e de boa acidez. Em 2020, a região modificou todo o seu sistema de classificação de vinhos, com a adoção de novas regras para vinhos premium e a autorização de novas variedades de uvas. O sistema de classificação aprovado inclui a criação de novas designações para vinhos premium: “Gran Vino de Rueda”, “Rueda Palido” e “Vino de Pueblo”. De acordo com as regras, os novos “Gran Vino de Rueda” serão produzidos a partir de videiras com pelo menos 30 anos de idade e com baixos rendimentos. Já para o

"Vino de Pueblo", 85% das uvas usadas terão de vir das aldeias ou de municípios rotulados. Os vinhos tradicionais "Rueda Palido" são reconhecidos como feitos com produção orgânica e envelhecidos em barris de carvalho por pelo menos três anos. Para aumentar a proteção do consumidor, as classificações anteriores para vinhos tranquilos, incluindo "Rueda Verdejo", "Rueda Sauvignon" e "Rueda", foram fundidas em uma única classificação chamada "Rueda" sem a variedade. As novas uvas recém-aprovadas na região incluem Syrah, Viognier e Chardonnay (admitidas após testes que mostraram sua capacidade de se adaptar ao solo e ao clima da região).

Toro é marcada pelos vinhos produzidos a partir da variedade Tinta de Toro, como a Tempranillo é chamada localmente. Os tintos, desde os Jóven até os Gran Reserva, só podem ser feitos com 100% Tinta de Toro (exceção dos Roble, que podem levar 10% de Garnacha). Produz-se ainda brancos apenas com Malvasia e Verdejo, sendo que precisam ter 85% de Malvasia ou 100% Verdejo. Para os rosés, eles precisam ter 85% de Tinta de Toro ou serem 100% Garnacha. O solo é constituído por sedimentos de areia, argila e conglomerados calcários do Plioceno, que levam a solos calcários marrons. Os materiais variam de argilosos a areia de grãos grandes e finos, com calcário e marga detrítica formados durante o Mioceno. A altura das vinhas situa-se entre 620 e 750 m, e os solos (divididos em oito tipos diferentes) pertencem ao período terciário. O clima da região é basicamente continental, extremamente seco.

Castilla y León

- Alvar de Dios **p.104**
- Arrayán **p.110**
- Muriel Wines **p.187**

Bierzo

- Alvarez de Toledo **p.107**
- Descendientes de J. Palacios **p.139**
- Diego Magaña Wines . **p.140**
- MGWines **p.181**
- Michelini i Mufatto & González **p.183**
- Terras Gauda **p.218**

Ribera del Duero

- Aalto **p.100**
- Artevino **p.111**
- Cepa 21 .... **p.130**
- Cruz de Alba **p.136**
- Dominio de Pingus... **p.143**
- Emilio Moro **p.144**
- Félix Callejo **p.147**
- García Carrión **p.155**
- Garmón Continental **p.158**
- Nexus **p.192**
- Pérez Pascuas **p.197**
- Pesquera **p.198**
- Premium Fincas **p.202**
- TEMPOS Vega Sicilia ... **p.216**
- Torres **p.221**
- Valderiz **p.229**
- Valdubón **p.231**
- Valduero **p.232**
- Vega Clara **p.233**

Rueda

- Artevino **p.111**
- De Andrés Sisters **p.138**
- Frontaura **p.153**
- García Carrión **p.155**
- Telmo Rodríguez **p.214**
- Valdubón **p.231**

Toro

- Alvar de Dios **p.104**
- Frontaura **p.153**
- TEMPOS Vega Sicilia ... **p.216**

APENAS PARA MAIORES DE 18 ANOS
CLUBE ADEGA
O clube de vinhos mais exclusivo do Brasil
CLUBE ADEGA
A MELHOR REVISTA, OS MELHORES VINHOS
CONTÉM 3 GARRAFAS
AD 94
AD 96
AD 94
Cuatro del Cuatro
VIÑA ZORZAL
CHRYSEIA
2015
DOURO
P+S
Homenaje
2020
Acesse e faça parte
ClubeAdega.com.br

CATALUNHA

A DO Penedès é a maior da Catalunha e é em Penedès Central que está Sant Sadurní d'Anoia, capital espanhola da produção de Cava

Situada no norte do país, a Catalunha é a macrorregião com maior número de DOs da Espanha. Entre as mais importantes estão Costers del Segre, Montsant e Penedès, além de acolher a DOCa Priorat, a segunda DOCa reconhecida no país.

Não muito distante de Barcelona, no nordeste espanhol fica a denominação Penedès, com seu ponto central em Vilafranca del Penedès. A região é ampla, cobrindo uma longa faixa de terra entre o mar e as montanhas, a meio caminho entre Barcelona e Tarragona. A DO é constituída por três regiões distintas: o Penedès Superior (junto à serra interior), o Penedès Marítim (entre o mar e a serra costeira) e a planície entre estas zonas, conhecida como Penedès Central. Há grande variedade de microclimas, marcados pelas diferentes altitudes e pela proximidade do mar. O clima é tipicamente mediterrâneo, ameno e quente. O Penedès Marítim é mais ameno devido à proximidade do mar. O Penedès Superior apresenta maior pluviosidade e maiores contrastes entre as temperaturas máximas e mínimas. O Penedès Central é uma mistura dos dois microclimas. É em Penedès Central que está Sant Sadurní d'Anoia, capital espanhola da produção do Cava, espumante produzido exclusivamente a partir do método tradicional, com pelo menos nove meses de contato com as leveduras e elaborado, via de regra, a partir de Macabeo, Xarel-lo

Priorat foi a segunda denominação espanhola a receber o título de Denominación de Origen Calificada (DOCa), depois de Rioja

e Parellada (Chardonnay e Pinot Noir são cada vez mais utilizadas desde que foram autorizadas), entre outras rígidas normas ditadas pelo Consejo Regulador. Há ainda as categorias Cava Reserva (o Conselho Regulador aprovou em 2020 elevar o envelhecimento mínimo sobre as borras para 18 meses), Cava Gran Reserva (mínimo de 30 meses) e Cava de Paraje Calificado (criada em 2015, exige, entre outros requisitos, um envelhecimento mínimo de 36 meses). Cava, tecnicamente apesar de ser uma DO, não é uma região geográfica, assim, as municipalidades da Catalunha (responsável por 95% da produção), Valência, Aragón, Navarra, Rioja e País Basco podem ostentar a qualificação DO Cava. Desde 2019, alguns produtores do Penedès se rebelaram contra a denominação Cava e decidiram rotular seus vinhos com o nome Corpinnat, que teria um padrão de qualidade mais alto do que os Cava. Para os Corpinnat, as uvas devem ser 100% orgânicas, a colheita manual, o vinho deve ter pelo menos 18 meses de envelhecimento e a vinificação ser feita em vinícola própria. Os atuais participantes são: Gramona, Llopart, Nadal, Recaredo, Sabaté i Coca, Torelló, Can Feixes, Julia Bernet, Mas Candí e Can Descregut.

Priorat foi a segunda denominação espanhola a receber o título de Denominación de Origen Calificada (DOCa), depois de Rioja. Os mais famosos vinhos do Priorat são os tintos. Embora, a Garnacha Tinta e a Cariñena (Carginan) sejam a base principal dos blends, produtores da região têm gradativamente inserido variedades internacionais – especialmente Cabernet Sauvignon – em seus vinhos. Outras variedades autorizadas pela DOCa são a Garnacha Peluda, a Merlot e a Syrah. Poucos são os brancos – normalmente encorpados, estruturados e fermentados em barrica – e rosados produzidos. As cepas brancas que podem compor os blends são Garnacha Blanca, Macabeo, Pedro Ximénez e Chenin. A DOCa Priorat é formada por 12 zonas de produção vitícola, as diferentes Villas de: Bellmunt del Priorat, Gratallops, Lloar, Morera de Montsant, Porrera, Poboleda, Scala Dei, Torroja del Priorat, Vilella Alta, Vilella Baixa e as zonas de Masos de Falset e Solanes del Molar. O solo do Priorat – chamado de licorella – é pouco comum. Composto por camadas de uma espécie de ardósia vermelha, permeada por pequenas partículas de quartzitos que brilham ao sol, esse tipo de solo auxilia no amadurecimento das uvas por reter bastante calor. Além disso, apesar de ser muito pobre em nutrientes, devido à sua profundidade, a licorella é capaz de reter quantidade suficiente de água para a raiz das vinhas durante todo o seu período de crescimento. O clima do Priorat é mediterrâneo, com verões longos, quentes e secos, e invernos frios, com risco de geadas, granizo e, eventualmente, períodos de seca. A região sofre ainda influência de ventos frios vindos do norte e ventos quentes vindos do leste, como o Mistral, por exemplo. O conselho regional admite cinco níveis de vinhos, começando com DOQ Priorat apenas, como denominação genérica, Vi de Villa, algo como os Village da Borgonha, Vi de Paratge, com um microterroir ainda mais delimitado. As duas mais altas "classificações" são Vinya Classificada, com vinhos de caráter excepcional, que devem ser engarrafados separadamente, e Gran Vinya Classificada, tida como: "exemplos muito raros de talento natural e histórico". Além disso, aceita-se ainda o uso do termo Vin de Finca, que seria algo semelhante ao Vino de Pago, ou seja, de um vinhedo reconhecido.

Catalunha

- Altavins **p.102**
- Castellblanc **p.128**
- Freixenet **p.150**
- García Carrión **p.155**
- Sangre de Toro **p.208**
- Segura Viudas **p.211**
- Torres **p.221**
- Victorium III **p.236**

Costers del Segre

- Castell del Remei **p.127**
- Cérvoles Celler **p.131**
- Tomàs Cusiné **p.220**
- Torres **p.221**

Penedès

- Loxarel **p.171**
- Pere Ventura **p.196**
- Torres **p.221**

Priorat

- Alvaro Palacios **p.108**
- Casa Gran del Siurana **p.126**
- Cims de Porrera **p.133**
- Clos Figueras **p.134**
- Clos Mogador **p.135**
- L'infernal **p.169**
- Mas d'en Gil **p.180**
- Torres **p.221**

LEVANTE

Vinhedo de Bodegas Luzón, na DO Jumilla

A macrorregião do Levante situa-se ao sul da Catalunha, já na costa do Mediterrâneo. As principais DOs locais são Valência, Jumilla e Yecla. A DO Valência, antigamente exportadora de vinhos simples, recebeu investimentos significativos nos últimos anos, tanto em seus vinhedos quanto em suas vinícolas. Com isso, atualmente ostenta a imagem de região produtora de tintos e brancos descomplicados, de boa relação entre qualidade e preço. A variedade branca mais cultivada é Merseguera, ainda que haja muitos vinhedos de Muscat de Alexandria, a partir da qual se produz o Moscatel de Valência, fortificado branco bastante aromático. Um pouco mais para o interior estão a DO Jumilla e a DO Yecla, regiões que, a exemplo de Valência, também têm passado por grandes mudanças. A principal cepa cultivada é a Monastrell, com a qual se produz, via de regra, vinhos encorpados e frutados.

- Luzón p.173
- MGWines p.181
- Pinoso p.199
- Telmo Rodríguez p.214
- Volver p.242

EXTREMADURA

Viña Santa Marina

Vinhedos da Bodegas Viticultores de Barros

Em Extremadura, o clima semiárido não é exatamente o ideal para o cultivo de videiras. Ainda assim, surpreendentemente a área é a quarta região produtora mais importante da Espanha. A maior parte do vinho feito em Extremadura é vendida à granel para ser destilada e acaba sendo base para a produção de brandy de Jerez.

REGIÕES

GALÍCIA

Pazo Señorans, situada em Meis, na província de Pontevedra

A Galícia é dividida em cinco DOs: Monterrei, Ribeira Sacra, Ribeiro, Valdeorras e principalmente Rías Baixas, onde brancos jovens, frutados e bastante aromáticos têm sido produzidos a partir, principalmente, de Albariño.

Diferentemente da maioria das denominações espanholas, os vinhos mais destacados de Rías Baixas são os brancos. A produção de variedades brancas na denominação representa mais de 99%, na qual a uva Albariño (ou Alvarinho) é a variedade principal com mais de 95% do total. Seguem-se Caiño Blanco, Treixadura e Loureira. Já as variedades tintas representam menos de 1% da produção. A denominação Rías Baixas cobre cinco subzonas: Val del Salnés, Condado del Tea, El Rosal, Soutomaior e Ribeira do Ulla, nas províncias de Pontevredra e La Coruña. Conhecida como “Espanha Verde”, a região é caracterizada por temperaturas moderadas durante todo o ano, névoas oceânicas e uma precipitação média anual que, em alguns pontos, é quase três vezes a média nacional. O clima úmido de influência atlântica é, no entanto, equilibrado por mais de 2.200 horas de sol. A paisagem costeira é irregular, marcada por uma série de enseadas recortadas e fiordes rasos conhecidos como “rias”. As cinco sub-regiões distintas diferem quanto à topografia e proximidade com os rios e o mar. Os solos são bastante uniformes ao longo das cinco sub-regiões, dominados por granitos e, em alguns locais, xistos. Grandes rios e afluentes também deixaram depósitos aluviais e coluviais – uma combinação de argila, silte, areia e cascalho.

Galícia
- Telmo Rodríguez....... **p.214**

Rías Baixas
- Artevino....................... **p.111**
- Marqués de Murrieta .. **p.176**
- Muriel Wines.............. **p.187**
- Pazo Señorans.......... **p.194**
- Ramón Bilbao........... **p.203**
- Torres......................... **p.221**
- Vionta......................... **p.239**

ILHAS CANÁRIAS

Barris descansando na Bodega La Geria, na zona de Lanzarote

As Ilhas Canárias foram conquistadas pelos europeus durante o século XV. Elas ficam localizadas na costa africana, perto de Marrocos. Sabe-se que o primeiro vinhedo de Tenerife foi plantado pelo português Fernando de Castro, no ano de 1497. No século XVI, o vinho local, um doce de Malvasia, tornou-se famoso, sendo exportado tanto para a Europa quanto para a América e África. Os solos das ilhas são de origem vulcânica e a diversidade de microclimas, as diferentes altitudes, as muitas variedades etc., traduzem-se numa diversidade de vinhos com grande complexidade. Suas denominações de origem são: Abona, Tacoronte-Acentejo, La Orotava, Vale Güímar, Ycoden-Daute-Isora, Gran Canaria, La Gomera, El Hierro, La Palma e Lanzarote.

MALLORCA

Localizada na ilha de Palma de Mallorca, Ànima Negra dedica-se às castas autóctones da região, como Callet, Fogoneu e Mantonegro

Maiorca (em catalão e castelhano escreve-se Mallorca) é a maior ilha do arquipélago de Baleares localizado no leste da Espanha. Ela tem 3.640,11 km^2, sendo a maior da Espanha e a sexta maior do Mediterrâneo. A ilha possui duas denominações de origem raramente citadas, DO Binissalem e DO Pla i Llevant. No entanto, boa parte de seus vinhos são classificados como “Vi de la Terra Mallorca”. Pouco se ouve falar dos vinhos dessa ilha espanhola, pois eles tendem a ser consumidos pela população local ou por turistas, ou ainda vendidos quase que somente na Espanha. A história do vinho no local remonta ao século XIV e, até o século XIX, o estilo mais famoso era dos fortificados. Hoje, porém, há uma boa diversidade de estilos, mas os que mais chamam a atenção são feitos com variedades nativas. São mais de 40 uvas indígenas, entre elas a Callet, Manto Negro e Moll. Como curiosidade, a primeira DO espanhola fora do continente é a DO Binissalem.

• 4 Kilos........................... p.100
• Ànima Negra............. p.109

NAVARRA

Navarra é a denominação logo à leste de Rioja, situada entre os Pirineus e o rio Ebro

Até os anos 1980, Navarra era conhecida como a região dos rosés espanhóis. Esse estilo ainda é forte por lá, contudo, a evolução vitivinícola foi enorme e, atualmente, ela é reconhecida por uma diversidade de estilos, desde tintos mais frescos e brancos doces de Moscatel até os Gran Reserva. Apesar da Tempranillo ser a variedade predominante hoje, a Garnacha já foi a uva mais destacada da região e ainda produz alguns dos melhores exemplares. Dentro da denominação de Navarra ficam ainda três Vinos de Pago (a classificação de vinhedo mais alta da Espanha): Otazu, Prado de Irache e Pago de Arínzano. Os vinhedos de Navarra estão localizados no sul da região, entre Pamplona e as planícies. Esta localização é bastante singular na Península Ibérica e é marcada pela confluência dos climas Atlântico, Continental e Mediterrâneo. A proximidade do Golfo de Biscaia, a influência dos Pirineus e a inclemência temperada do vale do Ebro são fatores chave para dar a Navarra sua variedade única de climas diferentes. Costuma-se dividir a região em cinco áreas: Baja Montaña, Valdizarbe, Tierra Estella, Ribera Alta e Ribera Baja. Os solos são principalmente calcários com cascalho sob argila fértil, exceto em Ribera Baja, onde há mais areia.

- Gran Feudo................ **p.162**
- Julián Chivite............ **p.167**
- Sarah Selections...... **p.210**
- Viña Zorzal Wines **p.237**

PAÍS BASCO

Vinhedos da Bodegas Baigorri, em Samaniego

O País Basco é a macrorregião que fica na parte mais setentrional da Espanha. A individualidade da região – conhecida por seus manifestos pela independência do restante do país – acaba por se manifestar também no vinho produzido no local. O chamado Txakolí tem características únicas, muito distintas do que se conhece como vinho espanhol. Normalmente é consumido como aperitivo ou acompanhando frutos do mar. Por exemplo, o Txakolí apresenta gás residual, semelhante ao do Vinho Verde português. As agulhas são conhecidas como tximparta. As uvas usadas na sua produção são próprias da região, especialmente a branca Hondarribi zurri e a tinta Honsabirri beltza. As DOs mais importantes são Txakolí de Guetaria e Txakolí de Viscaya.

RIOJA

A denominação de origem Rioja possui três zonas distintas de produção: Rioja Alta, Rioja Alavesa e Rioja Oriental (até 2018 denominada Rioja Baja)

A região fica bem ao norte do país, ao redor do vale do rio Ebro, circundando a cidade de Logroño. A DOCa Rioja possui três zonas distintas de produção: Rioja Alta, Rioja Alavesa e Rioja Oriental (até 2018 denominada Rioja Baja). Rioja Alavesa fica a oeste da cidade de Logroño, na margem norte do rio Ebro. Os vinhedos estão plantados em solos predominantemente calcário-arenosos e os vinhos lá produzidos são, provavelmente, os mais sutis e elegantes da região. Os climas em Rioja Alta e Rioja Alavesa são bastante similares e, devido à influência do Atlântico, não ocorrem temperaturas extremas. Em Rioja Oriental, a leste de Logroño e na margem sul do Ebro, o clima é mais continental, com verões quentes e invernos rigorosos. Os solos são bastante argilosos e chove pouco. Os vinhos de lá costumam ter menor potencial de guarda do que os das outras regiões.
Embora tenha fama pelos seus tintos, Rioja também produz brancos de grande porte. Existem 14 variedades de uva autorizadas na região, mas a principal para os tintos é a Tempranillo e, para os brancos, a Viura. Um dos baluartes da DOCa Rioja é o uso da madeira, tanto que

os vinhos são denominados gradativamente de acordo com o tempo que passam em barrica, indo do genérico, passando pelo Crianza, depois Reserva e, por fim, Gran Reserva. Os vinhos são envelhecidos em barricas de carvalho de 225 litros. Rioja é o maior parque de barris do mundo, com mais de 1,3 milhão. No entanto, desde 2017, a região criou uma nova forma de dividir os vinhos qualitativamente ao dar mais ênfase à sua origem, além do tempo em barrica, com a seguinte divisão: vinhos de zona, vinhos de município e vinhos de vinhedos singulares (que seriam os mais representativos da região). E esses três tipos então são divididos novamente em quatro categorias de acordo com o tempo de estágio em barrica. A região criou ainda uma normativa para a produção de espumantes.

- Artevino........................ **p.111**
- Benjamin de Rothschild & Vega Sicilia.............. **p.117**
- Bodegas Navajas...... **p.118**
- Carlos Serres............ **p.124**
- CVNE............................ **p.137**
- Diego Magaña Wines... **p.140**
- García Carrión........... **p.155**
- Gómez Cruzado **p.159**
- Granja Remelluri....... **p.163**
- López de Heredia...... **p.170**
- Marqués de Murrieta.... **p.176**
- Marqués de Tomares .. **p.179**
- Muga.......................... **p.185**
- Muriel Wines............... **p.187**
- Palacios Remondo... **p.193**
- Ramón Bilbao........... **p.203**
- Solar Viejo **p.212**
- Telmo Rodríguez....... **p.214**
- Valdelana **p.227**
- Valdemar.................. **p.228**
- Vivanco...................... **p.240**

ROTEIRO GASTRONÔMICO

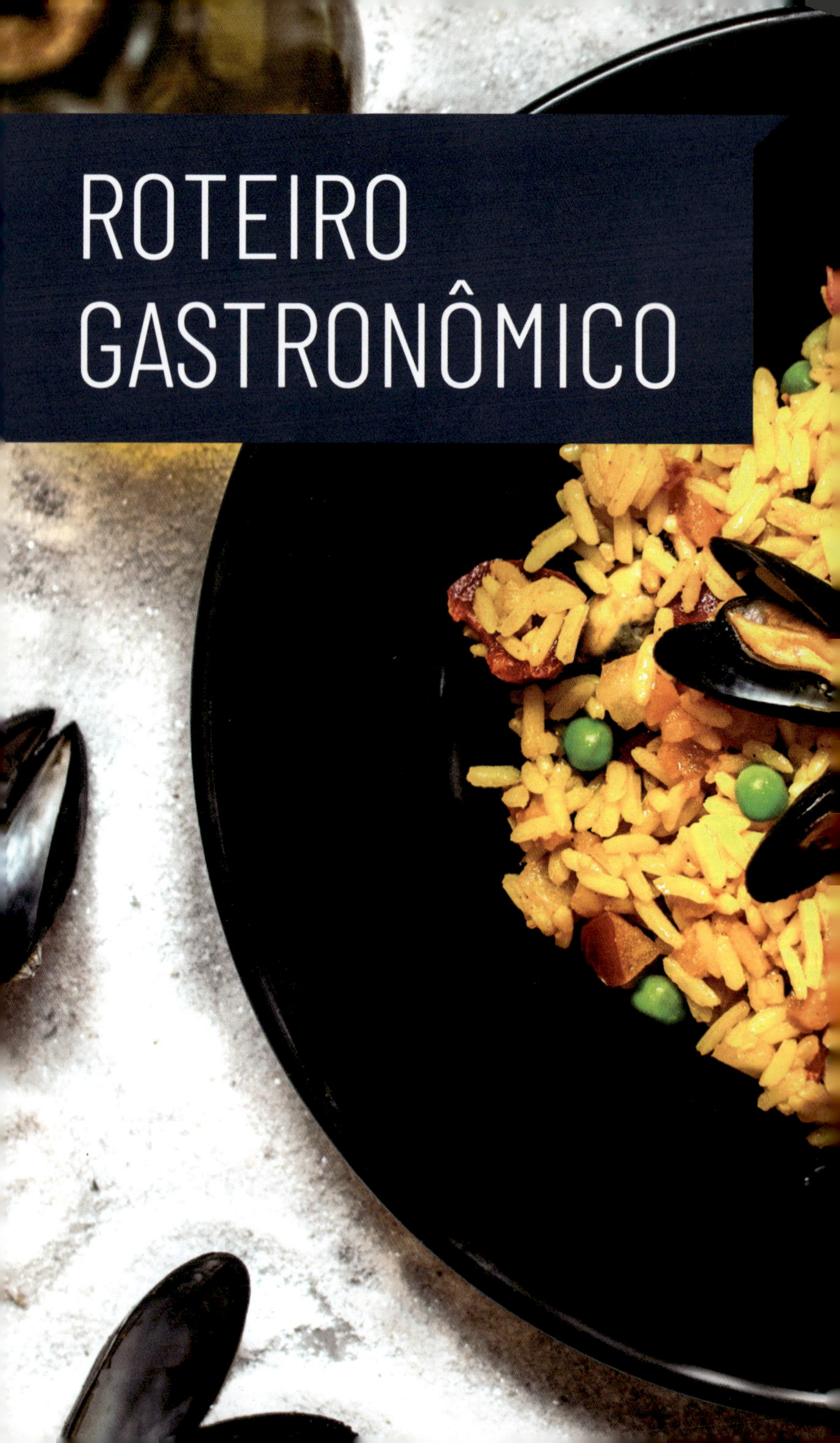

COMER Y BEBER

Onde mergulhar na gastronomia espanhola, em Barcelona, Madri e San Sebastian

Poucos países do mundo são tão criativos gastronomicamente quanto a Espanha. Isso graças ao espírito inventivos dos tapas e pintxos e, claro, na nova cozinha basca, que originou a revolução molecular de Ferran Adriá. Antes de tudo isso, os espanhóis criaram uma gastronomia rica em sabores intensos, no norte ao sul do país. Essa variedade de gostos, pode ser encontrada facilmente nos restaurantes de Barcelona, Madri e San Sebastian, os destinos mais procurados por quem gosta de comer bem.

Importante dizer: como a Espanha é país produtor de vinhos e a bebida está absolutamente integrada à cultura local, em todas as sugestões que você verá aqui, pode contar com uma boa seleção de rótulos em todas elas.

BARCELONA

1 TABERNA NOROESTE

O lugar nasceu da cabeça de dois jovens cozinheiros, o Javier San Vicente, da Galícia, e o David López, de Salamanca. Proposta: fazer as receitas regionais espanholas com os melhores produtos locais e sazonais. Num instante, a Taberna se tornou o assunto mais falado da cidade. Dependendo da época do ano, a sopa fria de salmorejo de pêssego é um debunde, assim como o leitão com mil-folhas de batata – esse tem sempre. *Carrer de Radas, 67; tabernanoroeste.com*

2 CAMPING MAR

Há algo mais Barcelona do que uma paella de frutos do mar à beira-mar? Não há e você vai encontrar inúmeros restaurantes e você vai encontrar ótimas opções com o tradicional prato espanhol por aqui. Nenhum deles, no entanto, como o Camping Mar. Ele é novo e... fantástico! Os locais já adotaram, mas eles recebem bem turistas também. Os fins de tarde ou noites ensolaradas no verão na sala com janelões de vidro, diante de iates dançantes, ancorados na marina, é uma experiência e tanto. Não deixe de pedir o arroz com tinta de lula e vieiras e os mexilhões no vapor com gengibre e limão. *Marina Vela, Passeio de Joan de Borbó, 103; encompaniadelobos.com/camping-mar/*

3 ABAC

A cozinha espanhola é consideravelmente criativa (salve, Ferran Adriá), sabemos. Neste 3 estrelas Michelin, prepare-se para levantar voo com dois menus degustação absolutamente fora do comum. Com ele, nós, literalmente, andamos pelo restaurante, do terraço para a cozinha, depois para o salão principal. Ao todo são 20 ou 25 pratos, desde nitro margaritas até pombo assado com lavanda picante. Os chef Jordi Cruz, acredite, nos leva a uma noite inesquecível. E ele pergunta: “Está pronto para o rock'n'roll? *Av. del Tibidabo, 1; abacrestaurant.com*

4 CASA LEOPOLDO

Ele fica em Raval e foi inaugurado em 1929. Então fechou para ser reinaugurado recentemente, com comida boa, longe das armadilhas para turistas que dominam esta parte da cidade. É um clássico. Aqui, não ouse fugir dos pratos tradicionais da Catalunha que o restaurante serve há décadas, como rabo de boi no vinho tinto ou guisado de tripas. Há inúmeros tapas também. *Carrer de Sant Rafael, 24; goutrouge.com/restaurantes/bar-leopoldo/*

5 BAR CAÑETE

Tradicionalíssimo, está citado em quase todos os guias sobre Barcelona. Não à toa. O mais legal para você, amante de vinhos, é que a casa tem um carta robusto, que dá gosto de ver. Tanto quanto comer os tapas sofisticados servidos por aqui. Dica: durante o dia, o lugar recebe, majoritariamente, turismo. A noite, depois das 22h (lembre-se, Barcelona é uma cidade notívaga), não é difícil brindar com o locais, sempre presentes e amigáveis. *Carrer de la Unió, 17; barcanete.com*

6 LASARTE

Esta é a casa do Martín Berasategui, o chef com o maior número de estrelas Michelin na Espanha (12 ao todo). É mais uma com 3 estrelas, o que significa que tem serviço impecável, carta de vinhos memorável e uma gastronomia que vale a viagem (os critérios para estrelar um restaurante). A linha da cozinha de Berasategui não é tão ousada como a dos herdeiros de Adriá, mas, definitivamente, traz uma composição de gosto e apresentação que o colocam no lugar em que está. Isto é, espere o inesperado. O que dizer de casamentos como lula com gema de ovo, camarão com erva-doce ou veado com trufas negras? Vá e descubra. Há o menu degustação e a la carte. Prefira a primeira opção, naturalmente.
Carrer de Mallorca, 259; restaurantlasarte.com

SAN SEBASTIAN

7 ARZAK

Juan Mari Arzak é um dos grandes gênios da cozinha mundial. Ou seria melhor dizer um dos grandes mágicos da cozinha mundial? Fato é que, como ele diz, quando ele põe a mão em algum ingrediente, algo de extraordinário acontece. O seu restaurante, hoje 3 estrelas Michelin, carrega o nome da família desde 1897. Já era um clássico local quando, no fim dos anos 1970, o chef criou a chamada nova cozinha basca, absolutamente inesperada. E assim continua desde então. Ir ao Arzak, sem clichês, é muito mais do que uma experiência gastronômica, com menu degustação conduzido pela filha, a chef Elena Arzak, perfeitamente harmonizado. É algo que a gente carrega para vida toda. *273 Avenida Alcalde Elosegui; arzak.es*

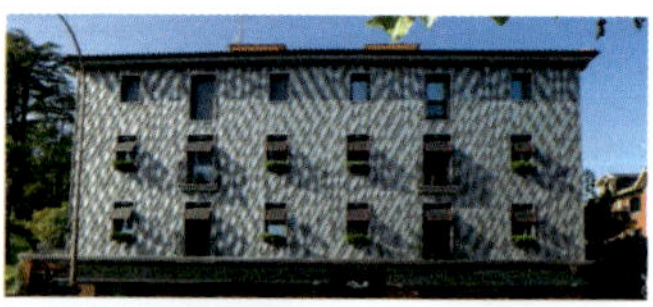

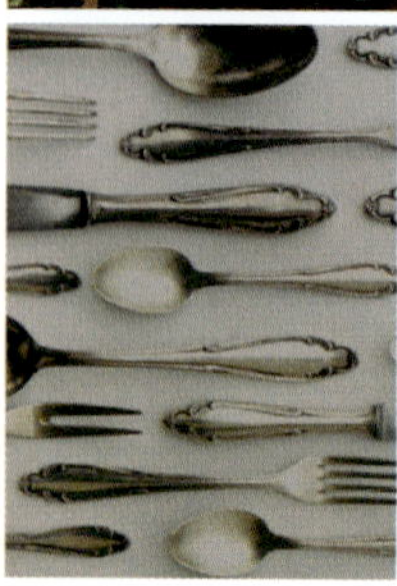

8 ASADOR ETXEBARRI

Os espanhóis são um dos grandes assadores do planeta. Talvez os maiores, os hermanos que nos perdoem. A ponto de dar origem a um gênio do fogo, Victor Aguinzoniz. Com uma churrasqueira aparentemente simples e um forno a lenha de alta temperatura, ele intensifica o sabor de carnes (de qualquer animal) e vegetais como pouca gente no mundo. É comer para crer. O restaurante dele fica na bucólica Atxondo, ligeiramente afastada do centro de San Sebastian. E é deliciosamente acolhedor. Valeria a viagem mesmo que servisse algo comum, o que definitivamente não acontece. Recentemente, afinal, foi eleito um dos três melhores restaurantes do mundo pela badalada lista 50 Best. *Plaza de San Juan 1; asadoretxebarri.com*

9 EL CELLER DE CAN ROCA

Três irmãos. Joan, Josep, Jordi. O chef, o sommelier, o confeiteiro. Juntos, eles transformaram o restaurante da família no melhor do mundo, eleito como tal, diversas vezes. Eles são reflexivos, buscam transformar comida e vinhos em poesia – e geralmente conseguem. Por isso, estamos falando de uma experiência que realmente emociona. Especialmente para quem ama os vinhos. Tudo isso num ambiente moderno, refinado e aconchegante, em Girona, pertinho de San Sebastian. Peça, definitivamente, para visitar a adega. E boa viagem. *Carrer de Can Sunyer, 48; cellercanroca.com*

10 BORDA BERRI

Os bares de pintxos são a alma de San Sebastian. Comida boa de verdade a preços muito amigáveis. Cada lugar tem uma personalidade. Neste pequeno bar no centro histórico da cidade estão os pratos ricos em sabor – e, há quem diga, os melhores da região. Você não dá nada para ele, quando olha de fora, na rua lotada de outras pintxerias. E dará muito quando colocar os pés lá dentro. *Fermin Calbeton Kalea, 12*

11 TXEPETXA

Você gosta de anchovas? O seu lugar é aqui, acredite, O bar tem inúmeros pratos com o peixe, feito de diversas formas, embora apenas a torrada com ele já justifique a visita. O lugar é mínimo, diga-se. A gente entra, escolhe as opções expostas no balcão e come na rua – se der sorte encontra uma das mesinhas presas na parede vazia. Dica: aqui, a sidra vai sempre melhor do que o vinho. *Arrandegi Kalea, 5*

12 IBAI

Sugestão de insider, mesmo. O mínimo e bem arrumado restaurante, no subsolo de uma taperia, só funciona de segunda a sexta, para o almoço. E, quem conhece, não esquece a comida basca típica, feita com grandes ingredientes locais, um bocado de talento do chef Alicio Garro. Ele não ganhou projeção mundial porque não quer. A sua comida, no entanto, é a maneira mais acessível de provar o que a última geração de grandes cozinheiros anda fazendo por aqui. Melhor fazer reserva. *Calle de Getaria, 15; tel.: +34 943 42 87 64*

13 ASADOR IRIARTE ENEA

A churrascaria fica numa casa de fazenda, no sopé do Monte Jaizkibel, um pouco fora de San Sebastian. É o melhor lugar para comer os assados espanhóis a preços mais acessíveis. Pouco se fala dele, mas é difícil encontrar carne melhor. Vale vir até aqui para um passeio idílico – o cenário é lindo – e uma refeição com direito a bela imersão na vasta carta de vinhos. *Gaintxurizketa goiko bailara, 15; iriartenea.com*

14 BODEGA DONOTIARRA

Desde 1928, serve de tudo um pouco, do café da manhã ao jantar. Tudo com muita qualidade. É um ótimo lugar para ir sem compromisso, a qualquer hora do dia. E dá para voltar várias vezes, uma vez que o cardápio é bem variado, dos ótimos pintxos, aos pratos espanhóis, chegando a carne na brasa. Entre tudo isso, as tortillas daqui, dizem os locais, são as melhores da cidade. A carta de vinhos é igualmente descompromissada e amigável. Só alegria. *Calle de Peña y Goñi, 13; bodegadonostiarra.com*

MADRI

15 SOBRINO DE BOTIN

Diz o Guiness Book que este é o restaurante mais antigo do mundo, funcionando, sem parar, a 296 anos. E servindo a sua grande especialidade durante todo esse tempo: o leitãozinho assado num forno especial. Crocante e suculento. A casa é enorme, há vários salões elegantes e tipicamente espanhóis. A carta de vinhos é um passeio pela Europa, com quase 300 rótulos. Imperdível. *Calle de Cuchilleros, 1;botin.es*

16 SANTERRA

Anote aí: o incrível croquete de presunto daqui já foi eleito o melhor do mundo na edição, no badalado congresso gastronômico Madrid Fusión, com grandes nomes da gastronomia mundial. E se estamos na Espanha, alegre-se, porque o ingrediente principal da casa é o... jamon ibérico! Ainda há sobrasadas, queijos incríveis e pratos com a assinatura contemporânea de Miguel Carretero, o cozinheiro de mão cheia que comanda a casa. *Calle del Gral. Pardiñas, 56; santerra.es*

17 BODEGA DE LA ARDOSA

Madri é a cidade das tabernas centenárias. E esta é uma delas, com 125 anos de história, boa comida (como manda a tradição), bons vinhos e bons vermutes (incluindo o com a assinatura da casa). Ela fica no bairro de Malasaña, a poucos metros da sempre movimentada Gran Vía. É um lugar para entender a alma da gastromia espanhola e, porque não, do espanhol. *Calle de Colón, 13*

18 LA TASQUITA DE ENFRENTE

A casa tem apenas 8 mesas, onde são servidos receitas tradicionais transformadas em pratos contemporâneos. Isso com a tal cozinha de mercado, que preza os melhores produtos de época, com assinatura de alta gastronomia, dos chefs Nacho Trujillo e Juanjo Lópes Bedmar.z Na carta de vinhos, destaque também para seleção de espumantes. *Calle de la Ballesta, 6; latasquitadeenfrente.com*

19 LAKASA

A brincadeira começa aqui a bordo de um carrinho, com sugestões de taças de vinho e doses de uma senhora seleção de vermutes. Depois, no cardápio, surgem as sugestões de 20 pratos de encher a boca, como a moela e papada com purê de batatas. Dica: vá pedindo meias porções e compartilhando aos bocados. *Plaza del Descubridor Diego de Ordás, 1; lakasa.es*

20 CAÑADIO

Você já ouviu falar em rabas de polvo? Elas são a pontinha dos tentáculos de polvo frita, a especialidade desta casa que serve comida regional, desde 1981. Ela fica no bairro de Salamanca, com pratos típicos como o salmorejo, os croquetes de chouriço, o porco recheado com camarões, numa apoteose do conceito mar-e-terra. A tarta de queso é um clássico, peça ao chegar, porque acaba logo. Além do restaurante, o lugar conta com um bar gostoso, onde são servidos tapas de alto nível. *Calle del Conde de Peñalver, 86; restaurantecanadio.com*

OS MELHORES

O sistema de Denominación de Origen (DO) espanhol foi criado em 1932, mas posteriormente revisado em 1970 e atualizado em 2016 para se chamar Denominación de Origen Protegida

MELHORES DO ANO

Melhor Tinto

CASTILLO DE YGAY GRAN RESERVA ESPECIAL 2010

MARQUÉS DE MURRIETA | WORLD WINE
(PAG. 177)

Entre os melhores, senão o melhor Ygay já produzido nas últimas décadas e que justifica a fama da excepcional safra 2010 em Rioja.

Melhor Tinto

POST CRUCIFIXIÓN 2018
MICHELINI I MUFATTO & GONZÁLEZ | WINE & CO.
(PAG. 183)

Sutil e ao mesmo tempo cheio de força, tem a tenacidade que só os grandes vinhos alcançam.

Melhor Branco

PAZO DE SEÑORANS SELECCIÓN DE AÑADA ALBARIÑO 2006

PAZO DE SEÑORANS | MISTRAL

(PAG. 195)

Esbanja tensão, vivacidade e frescor de fruta, mesmo com mais de 10 anos de garrafa.

Melhor Espumante

FREIXENET RESERVA REAL BRUT

FREIXENET | FREIXENET
(PAG.150)

Muito bem feito no estilo mais vinoso, repleto de frutos secos, notas carameladas, tostadas e de fermento.

Melhor Espumante

LOXAREL VINTAGE RESERVA BRUT NATURE 2015

LOXAREL | BELLE CAVE
(PAG. 172)

Austero e sem nenhuma concessão ao dulçor, mostra frutas brancas e cítricas envoltas por notas florais, de ervas, de padaria e de frutos secos.

Melhor Espumante

SEGURA VIUDAS RESERVA HEREDAD BRUT

SEGURA VIUDAS | FREIXENET

(PAG. 211)

Cremoso e refinado, chama atenção pela acidez refrescante e pela textura firme.

Melhor Rosé

CHIVITE LAS FINCAS ROSADO 2019

JULIÁN CHIVITE | MISTRAL
(PAG. 168)

Por trás de sua fruta exuberante e nítida, há muita estrutura, firme textura e vibrante acidez para ampará-la, conferindo profundidade e tensão ao conjunto.

Melhor Fortificado

REGENTE PALO CORTADO

SANCHEZ ROMATE | BELLE CAVE (PAG.206)

Autêntico vinho de meditação, com várias camadas de aromas e de sabores, mostradas de modo sutil e refinado.

Na DO Bierzo, já na fronteira com a Galicia, produzem-se predominantemente vinhos tintos e a principal cepa é a Mencia

MELHORES POR REGIÃO

Melhor Bierzo

POST CRUCIFIXIÓN 2018

MICHELINI I MUFATTO & GONZÁLEZ | WINE & CO.
(PAG. 183)

Sutil e ao mesmo tempo cheio de força, tem a tenacidade que só os grandes vinhos alcançam.

Destaques Bierzo

DOMINIO DE ANZA FINCA EL RAPOLAO 2017
DIEGO MAGAÑA WINES | WORLD WINE
(PAG. 141)

DOMINIO DE ANZA FINCA EL RAPOLAO 2016
DIEGO MAGAÑA WINES | WORLD WINE
(PAG. 141)

DOMINIO DE ANZA PARCELARIO I 2016
DIEGO MAGAÑA WINES | WORLD WINE
(PAG. 141)

EL RAPOLAO 2018
MICHELINI I MUFATTO & GONZÁLEZ |
WINE & CO.
(PAG. 184)

ENCRUCIJADA 2018
MICHELINI I MUFATTO & GONZÁLEZ |
WINE & CO.
(PAG. 184)

A MERCED 2018
MICHELINI I MUFATTO & GONZÁLEZ |
WINE & CO.
(PAG. 184)

Melhor Jerez

REGENTE PALO CORTADO

SANCHEZ ROMATE | BELLE CAVE
(PAG. 206)

Autêntico vinho de meditação, com várias camadas de aromas e de sabores, mostradas de modo sutil e refinado.

Melhor outras Regiões

MARAÑONES PEÑA CABALLERA 2017

MARAÑONES | WORLD WINE

(PAG. 175)

Austero, sem nenhuma concessão ao dulçor da fruta. Pura força, tem acidez vibrante e taninos tensos e firmes, que trazem profundidade e fluidez.

Melhor outras Regiões

PAZO DE SEÑORANS SELECCIÓN DE AÑADA ALBARIÑO 2006

PAZO DE SEÑORANS | MISTRAL

(PAG. 195)

Esbanja tensão, vivacidade e frescor de fruta, mesmo com mais de 10 anos de garrafa.

Destaques outras Regiões

12 VOLTS 2013
4 KILOS | VINCI
(PAG. 100)

LAS VIDRES 2017
ALVAR DE DIOS | WORLD WINE
(PAG. 105)

YAVALLO 2017
ALVAR DE DIOS | WORLD WINE
(PAG. 105)

GRAN MURALLES 2015
TORRES | CANTU
(PAG. 222)

MAS LA PLANA 2013
TORRES | CANTU
(PAG. 222)

CUATRO DEL QUATRO 2016
VIÑA ZORZAL WINES | WORLD WINE
(PAG. 237)

Melhor Priorato

CLOS MOGADOR 2016
CLOS MOGADOR | MISTRAL
(PAG. 135)

Cheio de tensão e de vivacidade, mas também pleno de concentração e de untuosidade, tudo mostrado de modo refinado, preciso e muito equilibrado.

Destaques Priorato

LES TERRASSES 2014
ALVARO PALACIOS | MISTRAL
(PAG. 108)

CIMS DE PORRERA CLÀSSIC 2011
CIMS DE PORRERA | CASA FLORA/PORTO A PORTO - (PAG. 133)

L'INFERNAL RIU 2015
L'INFERNAL | WORLD WINE
(PAG. 169)

Melhor Ribeira del Duero

AALTO PS 2018
AALTO | WORLD WINE
(PAG. 101)

Impressiona pela nitidez, equilíbrio e precisão do conjunto, mesmo ainda tão jovem. Tem final concentrado e profundo, com toques de grafite, de cassis e de alcaçuz.

Destaques Ribeira del Duero

AALTO 2018
AALTO | WORLD WINE
(PAG. 101)

FLOR DE PINGUS 2014
DOMINIO DE PINGUS | MISTRAL
(PAG. 143)

GARMÓN 2017
GARMÓN CONTINENTAL | WORLD WINE
(PAG. 158)

VALDUERO TIERRA ALTA DE 2 COTAS RESERVA 2014
VALDUERO | EVINO
(PAG. 232)

Melhor Rioja

CASTILLO DE YGAY GRAN RESERVA ESPECIAL 2010
MARQUÉS DE MURRIETA | WORLD WINE
(PAG. 177)

Entre os melhores, senão o melhor Ygay já produzido nas últimas décadas e que justifica a fama da excepcional safra 2010 em Rioja.

Destaques Rioja

VIÑA TONDONIA RESERVA TINTO 2007
LÓPEZ DE HEREDIA | MISTRAL
(PAG. 170)

Destaques Rioja

IMPERIAL GRAN RESERVA 2009
CVNE | MISTRAL
(PAG. 137)

ORBEN MALPUESTO 2018
ARTEVINO | CANTU
(PAG. 111)

CONTINO GRACIANO 2016
CVNE | MISTRAL
(PAG. 138)

REMELLURI RESERVA 2012
GRANJA REMELLURI | MISTRAL
(PAG. 163)

VIÑA BOSCONIA RESERVA 2008
LÓPEZ DE HEREDIA | MISTRAL
(PAG. 171)

MARQUÉS DE MURRIETA GRAN RESERVA LIMITED EDITION 2011
MARQUÉS DE MURRIETA | WORLD WINE
(PAG. 177)

MIRTO 2015
RAMÓN BILBAO | CANTU
(PAG. 203)

Melhor Toro

ACIANO 2017

ALVAR DE DIOS | WORLD WINE
(PAG. 104)

Potente, concentrado e de perfil de fruta vermelha mais madura, mas também tenso e firme, com boa acidez e taninos de ótima textura.

OS VINHOS

4 KILOS

Região:
Mallorca
Enólogo:
Francesc Grimalt
Site: www.4kilos.com
Enoturismo: Não
Importadora: Vinci

Fundada em 2006, 4 Kilos é um projeto de Francesc Grimalt e Sergio Caballero. Suas vinhas estão localizadas em diferentes municípios ao sul e ao norte de Mallorca (Maiorca), plantadas com as uvas Callet, Fogoneu, Cabernet Sauvignon, Merlot, Monastrell e Syrah.

AD 94 | **12 Volts 2013**

TINTO | MALLORCA | **$$$$**

Intrigante, mostra notas florais, de ervas e de especiarias permeando sua fruta vermelha de perfil mais fresco. Mas, é na boca que merece atenção, com sua acidez elétrica, seus taninos firmes e granulados e seu final persistente, com toques terrosos, salinos, defumados e de cerejas.

AALTO

Região:
Ribera del Duero
Enólogos:
Mariano García e Antonio Moral
Site: aalto.es/pt-pt/
Enoturismo: Sim
Importadora: World Wine

Em 1999, Mariano García (o homem por trás de Vega-Sicilia durante 30 anos), um ano depois de deixar a mais célebre vinícola de Ribera del Duero, juntou-se a Javier Zaccagnini para criar Bodegas Aalto. De oito vinhedos históricos espalhados pela região de Ribera, García seleciona o que há de melhor em Tinto Fino (Tempranillo) para produzir apenas dois vinhos: Aalto e Aalto PS. O PS significa Pagos Seleccionados, lembrando que Pagos se referem aos principais vinhedos da região. Falando em significados, o nome Aalto deve-se ao arquiteto finlandês Alvar Aalto, um dos principais expoentes da arquitetura da primeira metade do século XX, mas também foi uma escolha pensada para que o vinho sempre encabeçasse as listas. Em 2006, uniram-se à Aalto as famílias Masaveu e Nozaleda, ambas proprietárias de vinícolas em outras regiões da Espanha, como a Bodegas Fillaboa, em Rías Baixas, a Bodegas Murua, em Rioja, e a Pagos de Araiz, em Navarra, entre outras.

AD 95 | **Aalto PS 2018**

TINTO | RIBERA DEL DUERO | **$$$$$**

Um tinto grande e um grande tinto, mostra ameixas e amoras escoltadas por notas florais, de ervas e de especiarias doces, tudo sustentado por taninos tensos e finíssimos e refrescante acidez. Impressiona pela nitidez, equilíbrio e precisão do conjunto, mesmo ainda tão jovem. Tem final concentrado e profundo, com toques de grafite, de cassis e de alcaçuz. Uma prova de que opulência e finesse podem caminhar juntas.

AD 94 | **Aalto 2018**

TINTO | RIBERA DEL DUERO | **$$$$$**

100% Tinto Fino (Tempranillo), principalmente de vinhas velhas, entre 40 e 80 anos, com envelhecimento médio de 16 meses em barricas de carvalho francês e americano. Exibe ótima complexidade, com aromas de frutas vermelhas e negras maduras, empireumáticos, especiarias doces, de cedro e de ervas. Estruturado e su-

»

culento, tem boa concentração de fruta, bem apoiada pela acidez afiada, além de taninos volumosos e de ótima textura e final longo, com toques de cassis, de cacau e de alcaçuz.

AD 93 **Aalto 2017**

TINTO RIBERA DEL DUERO **$$$$$**

Tinto elaborado exclusivamente a partir de Tempranillo, com estágio de 16 meses em barricas de carvalho francês, sendo 50% novas. Ainda muito jovem, precisou de tempo na taça para mostrar notas de cedro, de tabaco e de especiarias doces escoltando toda sua fruta negra e vermelha de perfil mais maduro, tudo sustentado por gostosa acidez, taninos finíssimos e final persistente e suculento, com toques de anis e de alcaçuz.

ALTAVINS

Região:
Catalunha
Enólogo:
Joan Bautista Arrufí Peig
Site: www.altavins.com
Enoturismo: Sim
Importadora: World Wine

Fundada em 2001, Altavins é uma vinícola butique localizada na denominação de origem Terra Alta, região ao sul da Catalunha. Adepta da mínima intervenção, tanto no vinhedo como na adega, Altavins dedica-se, principalmente, às variedades locais, como Garnacha Blanca, Garnacha Tinta e Cariñena.

AD 91

Almodí Petit Blanc 2018

BRANCO | TERRA ALTA | $$$

Cativante nos aromas, mostra frutas brancas e de caroço seguidas de notas florais e de ervas frescas, que aparecem tanto no nariz quanto na boca. Refrescante e de corpo médio, tem ótima acidez, textura firme e cremosa e final agradável, com toques salinos, cítricos e de melão.

AD 91

Almodí Roure Al 2018

TINTO | TERRA ALTA | $$$

Mostra notas de ervas e de especiarias doces envolvendo sua fruta lembrando groselhas e cerejas, tudo equilibrado por refrescante acidez e taninos de fina textura, que conferem fluidez ao seu perfil de maior madurez. Tem final suculento e persistente, com toques terrosos e de menta.

AD 90

Almodí Petit Negre 2018

TINTO | TERRA ALTA | $$$

Vivo e tenso, mostra frutas vermelhas acompanhadas de notas florais, terrosas e de ervas. Fluido e gostoso de beber, tem acidez refrescante, tem taninos de boa textura e final agradável, que pede a companhia de embutidos.

ALVAR DE DIOS

Região:
Castilla y León
Enólogo:
Álvar de Dios
Site: alvardedios.com
Enoturismo: Não
Importadora: World Wine

Nascido em uma família de viticultores de El Pego, perto da fronteira sul da D.O. Toro, Álvar de Dios decidiu deixar seu pequeno vilarejo para aprimorar seus conhecimentos enológicos em Sierra de Gredos, trabalhando como mestre de adega para Fernando García, na Bodega Marañones. Hoje, em seu projeto pessoal, trabalhando com cultivo ecológico e biodinâmico, Alvar produz vinhos em três municípios El Pego, El Maderal e Villadepera, todos situados na província de Zamora, na macrorregião de Castilla y León.

AD 94 | **Aciano 2017**

TINTO | TORO | $$$$$

100% Tempranillo de vinhedos em pé franco de mais de 100 anos, fermentado com os engaços. O resultado é um tinto potente, concentrado e de perfil de fruta vermelha mais madura, mas também tenso e firme, com boa acidez e taninos de ótima textura, que conferem fluidez ao vinho. Tem final cheio e persistente, com toques terrosos, de ervas e de especiarias.

AD 94

Las Vidres 2017

BRANCO ARRIBES DEL DUERO $$$$$

100% Doña Blanca (Malvasia Branca) advindas de vinhedos de mais de 80 anos, mostra frutas brancas e de caroço maduras acompanhadas de notas florais, de ervas e de especiarias doces. Mas, é na boca que merece atenção, com sua textura firme e cremosa, sua acidez pulsante e seu final untuoso e persistente, com toques salinos, de frutos secos e de cítricos em compota.

AD 94

Yavallo 2017

TINTO ARRIBES DEL DUERO $$$$$

Elaborado a partir de uvas (maioria Bastardo) advindas de um pequeno vinhedo de 0,2 hectare de mais de 80 anos, cultivadas em solos de ardósia vermelha, fermentado com engaços e estágiado tanto em foudres de carvalho quanto em ânforas de barro. Tenso e vibrante, impressiona pela nitidez de fruta vermelha, pelos taninos de fina textura, pela ótima acidez e pelo final vertical, com toques terrosos, de sangue e de cerejas.

AD 92

Camino de Los Arrieros 2017

TINTO CASTILLA Y LEÓN $$$$

Tinto composto de uvas 25% Juan García, 15% Bastardo, 20% Trincadeira Preta, 10% Rufete, 10% Mandón e 20% de uvas brancas, cultivadas em Arribas del Duero, com estágio de 6 meses em foudres e em barricas de carvalho francês. Esbanja frutas vermelhas frescas por todos os lados, bem equilibradas por taninos tensos e granulados e por acidez refrescante, que o

»

tornam fluido, vertical e cativante. Por ser acessível e gostoso de beber, aparenta ser menos complexo do que realmente é. Atenção com ele.

AD 92

Tío Uco 2017

TINTO | TORO | $$$

Blend tinto biodinâmico composto de 90% Tempranillo e 10% Garnacha, provenientes de três parcelas distintas na área noroeste de Toro, com idade entre 25 e 40 anos. Exibe frutas vermelhas e escuras, floral, ervas, especiarias e notas terrosas. Preciso e tenso, tem boa concentração de sabor, acidez afiada, taninos finos e final frutado e persistente, com notas de amoras e de alcaçuz.

AD 92

Vagüera 2017

BRANCO | CASTILLA Y LEÓN | $$$$$

Elaborado a partir de Doña Blanca, como é chamada a Malvasia Branca nessa região espanhola, mostra notas florais, de ervas e de especiarias doces envolvendo toda sua fruta branca e de caroço madura, tudo equilibrado por textura firme e cremosa e refrescante acidez.

ALVAREZ DE TOLEDO

Região: **Bierzo**
Enóloga: **Angelines Varela Mazon y Alvarez de Toledo**
Site: bodegasalvarezdetoledo.com
Enoturismo: Não
Importadora: Vinci

Com uma tradição secular, que remonta ao séc. XVI, Alvarez de Toledo é um dos principais produtores de Bierzo. Seus vinhedos estão localizados aos arredores de Villafranca del Bierzo e Valtuille de Arriba, entre 420 e 500 metros de altitude. A protagonista é a uva Mencía (habilmente apoiada por Godello), com vinhas de idade média entre 40 e 60 anos.

AD 93

Señorío de la Antigua Finca Cabanela Mencía 2012

TINTO | BIERZO | **$$$**

Mostra frutas vermelhas e negras de perfil mais fresco, seguidas de notas florais, de ervas maceradas e de especiarias, tudo sustentado por acidez elétrica e taninos firmes e tensos. Fluido e vertical, tem final persistente, com toques terrosos, salinos, de amoras e de ameixas, que convidam a uma segunda taça. Surpreende pela vivacidade e pela juventude, mesmo com quase 10 anos.

ALVARO PALACIOS

Região:
Priorato
Enólogo:
Álvaro Palacios
Site: alvaropalacios.com/alvaro-palacios
Enoturismo: Não
Importadora: Mistral

Álvaro Palacios é um dos mais prestigiados produtores da Espanha. No final dos anos 1980, ele integrou um grupo de cinco vitivinicultores pioneiros – Clos Mogador, Clos de l'Obac, Clos Dofi, Clos Martinet e Clos l'Ermita – que se estabeleceu no vilarejo de Gratallops. Cada um deles adquiriu terras e reconstruiu seus vinhedos, passando a produzir tintos de um estilo novo – quase negros, encorpados e concentrados – que agradou em cheio os paladares do mundo. Esse cenário positivo atraiu muito investimento para o Priorat e, a partir de 1992, cada produtor começou a vinificar separadamente. Anos mais tarde, o enólogo começou uma parceria com seu sobrinho Ricardo Pérez, a Descendientes de J. Palacios, em Corrullón, Bierzo. Hoje, Álvaro também produz vinhos em Rioja, na Palacios Remondo.

AD 94

Les Terrasses 2014

TINTO | PRIORATO | $$$$$

Mostra uma rusticidade domada. Repleto de frutas vermelhas e negras maduras. Tem taninos firmes e tensos e refrescante acidez, que trazem sustentação, fluidez e vivacidade ao conjunto. Tem final longo e persistente, com toques sanguíneos, terrosos e de ervas, que convidam a uma segunda taça. Ainda está jovem e deve ficar ainda melhor nos próximos 10 anos.

ÀNIMA NEGRA

Região:
Mallorca
Enólogo:
Miquel Àngel Cerdá
Site: www.annegra.com
Enoturismo: Não
Importadora: Mistral

Localizada na ilha de Palma de Mallorca, costa mediterrânea da Espanha, Ànima Negra foi estabelecida em 1994 por Miquel Ángel Cerdà e Pere Obrador. Usando principalmente castas autóctones, como Callet e Mantonegro, os sócios passaram a fazer rótulos de baixíssima tiragem - quase garagistas -, que são até hoje aclamados pela crítica e ansiosamente aguardados pelos apreciadores.

AD 93

ÀN/2 2017

TINTO | MALLORCA | **$$$$$**

Vibrante e cheio de vivacidade, esbanja frutas vermelhas e negras de perfil mais fresco acompanhadas de notas terrosas, florais, de ervas e de especiarias doces, que se confirmam no palato. Seus taninos finos e de boa textura e sua refrescante acidez conferem sustentação e profundidade ao conjunto. Gastronômico, pede a companhia de carnes vermelhas ensopadas.

ARRAYÁN

Regiões:
Méntrida e Castilla y León
Enóloga:
Maite Sánchez
Site: www.arrayan.es
Enoturismo: Sim
Importadoras: Edega e Monvin

Instituída em 1999, Bodegas Arrayán é propriedade de José María Entrecanales e María Marsans e está localizada em Santa Cruz del Retamar, na província de Toledo. Para a realização do projeto, o casal contou com a assessoria do australiano Richard Smart, um dos maiores especialistas mundiais em viticultura. Desde 2009, a enóloga é a talentosa Maite Sánchez.

AD 92

Arrayán Albillo Real 2018

BRANCO | MÉNTRIDA | $$$$

Cativante nos aromas, mostra notas florais, de ervas e de especiarias doces envolvendo sua fruta de caroço madura, que se confirma no palato. Estruturado e de ótimo volume de boca, tem refrescante acidez, textura cremosa e final cheio e persistente, com toques cítricos, amanteigados, de pêssegos e de frutos secos.

AD 92

Garnacha de Arrayán 2015

TINTO | CASTILLA Y LEÓN | $$$$

Chama atenção pela boa acidez e pelos taninos firmes e de ótima textura, que conferem profundidade ao vinho e equilíbrio ao perfil mais concentrado e de maior madurez de sua fruta vermelha. Tem final untuoso e persistente, com toques terrosos, de ervas e de especiarias doces.

AD 91

Arrayán Selección 2016

TINTO | MÉNTRIDA | **$$$**

Tinto orgânico composto de Syrah, Merlot, Cabernet Sauvignon e Petit Verdot, com estágio de 8 a 12 meses em barricas de carvalho francês. Exibe frutas vermelhas maduras, ervas, floral e especiarias, que se confirmam no palato. Tem acidez vibrante, taninos macios e final médio/longo, com toques de ameixas e de grafite.

ARTEVINO

Regiões:
Rías Baixas, Ribera del Duero, Rioja, Rueda e Toro
Enólogos:
Lluís Laso (Finca Villacreces e Vetus) e Roberto Vicente (Izadi e Orben);
Site: www.grupoartevino.com/es
Enoturismo: Sim
Importadora: Adega Alentejana

A história de Artevino começa com Gonzalo Antón e um grupo de amigos em 1987, quando construíram a Bodegas Izadi, em Villabuena de Álava, no coração de Rioja Alavessa. Hoje, além de Izadi, o grupo Artevino possui vinícolas nas principais regiões da Espanha, como Finca Villacreces (Ribera del Duero), Bodegas Vetus (Rías Baixas, Toro e Rueda) e Bodegas Orben (Rioja).

AD 94

Orben Malpuesto 2018

TINTO | RIOJA | **$$$$$**

De vinhedos de mais de 90 anos, esse Tempranillo em pureza esbanja concentração e potência, mas também muita profundidade, precisão e nitidez de fruta. Sua refrescante acidez e seus taninos » tensos e de grãos finíssimos aportam equilíbrio e fluidez ao vinho. Tem final cheio e persistente, com toques florais, de amoras, de especiarias doces e de alcaçuz. Ainda está muito jovem e tem tudo para ficar ainda melhor nos próximos 15 anos.

AD 93

Finca Villacreces 2016

TINTO | RIBERA DEL DUERO | **$$$$**

Complexo nos aromas, mostra ameixas e cassis acompanhados de notas florais, de ervas frescas e de especiarias. Mas, é no palato que merece atenção, com sua vibrante acidez, seus taninos firmes e de grãos finos e seu final longo e cheio, com toques terrosos e de cacau. Um ótimo exemplo de lugar e de que potência e estrutura podem conviver em harmonia com precisão, fluidez e elegância.

AD 93

Izadi El Regalo 2017

TINTO | RIOJA | **$$$$**

Muito bem feito no estilo mais opulento e de maior concentração, com acidez refrescante e taninos firmes e de grãos finos trazendo equilíbrio e fluidez ao vinho. Carnudo e preciso, tem final persistente, com toques florais, de alcaçuz e de ameixas.

AD 93

Orben 2018

TINTO | RIOJA | **$$$$**

No mesmo estilo mais opulento e de concentração de fruta da casa, mas também com mais profundidade e persistência. Impressiona pelos taninos tensos e de grãos muito finos, que conferem tensão e profundidade, tudo envolto por ameixas e amoras maduras seguidas de notas florais e de especiarias doces. Paciência com ele na taça ou na garrafa para que mostre todo seu potencial. Ainda está muito jovem e deve ficar ainda melhor nos próximos dez anos.

AD 92

Alba de Vetus Albariño 2018

BRANCO RÍAS BAIXAS **$$$**

De ótima tipicidade, mostra frutas brancas e de caroço acompanhadas de notas florais, de ervas e de especiarias doces. Impressiona pela textura firme e cremosa e pela refrescante acidez, que conferem tensão ao conjunto e fluidez ao vinho. Tem final longo e persistente, com toques de pêssegos e de frutos secos.

AD 91

Flor de Vetus Verdejo 2019

BRANCO RUEDA **$$$**

Sedutor nos aromas, mostra frutas brancas e de caroço envoltas por notas florais, de anis estrelado e de ervas, que se confirmam na boca, tudo equilibrado por vibrante acidez e textura firme e cremosa. Tem final longo, com toques salinos e cítricos, que convidam a uma segunda taça.

AD 91

Izadi Crianza 2017

TINTO RIOJA **$$$**

Mostra ameixas e cassis seguidos de notas florais, de ervas secas e de especiarias doces, com sua acidez refrescante e seus taninos firmes e de textura arenosa conferindo tensão e fluidez ao vinho. Tem final cheio e persistente, com toques terrosos e de cacau.

AD 91

Larrosa Rosé 2019

ROSÉ RIOJA **$$$**

Num estilo mais estruturado e gastronômico, apresenta morangos e cerejas maduras equilibrados por acidez refrescante e textura cremosa. Tem final suculento, com toques cítricos, salinos e de especiarias doces, que pedem a companhia de polvo na brasa. »

AD 91

Pruno Tinto 2018

TINTO RIBERA DEL DUERO **$$$**

Untuoso e estruturado, esbanja ameixas e amoras maduras escoltadas por notas florais, especiadas e de ervas, que aparecem tanto no nariz quanto na boca. Tem ótima acidez e taninos firmes e de grãos finos, que trazem sustentação a toda sua fruta e conferem fluidez ao vinho. Tem final cheio e persistente, com toques de alcaçuz e de cacau.

AD 91

Salbide Tinto 2018

TINTO RIOJA **$$$**

Uma ótima versão desse tinto. Impressiona pelos taninos de grãos finos e pela ótima acidez, que trazem equilíbrio à sua fruta, lembrando ameixas e amoras, além de fluidez e tensão ao conjunto. De perfil gastronômico, pede a companhia de carnes vermelhas ensopadas ou assadas.

BARBADILLO

Região:
Jerez
Enóloga:
Montserrat Molina
Site: www.barbadillo.com
Enoturismo: Sim
Importadora: World Wine

Estabelecida em 1821, em Sanlúcar de Barrameda, Barbadillo é uma das empresas familiares mais antigas da Espanha. Atualmente, além de Andaluzia, a vinícola possui vinhedos em Somontano e em Ribera del Duero

AD 91 — Barbadillo Oloroso Sherry

FORTIFICADO JEREZ $$$

Branco fortificado seco elaborado exclusivamente a partir de uvas Palomino Fino, com estágio oxidativo de 5 anos em botas de Jerez (500 litros) de carvalho francês, no sistema de solera. Complexo e austero, mostra notas florais, de ervas e de frutos secos, além de toques terrosos, de tabaco e de cacau, tudo sustentado por ótima textura e acidez vibrante. Tem final untuoso, com toques de avelãs e de nozes.

AD 91 — Barbadillo Pedro Ximénez Sherry

FORTIFICADO JEREZ $$$

Branco fortificado doce elaborado exclusivamente a partir de Pedro Ximénez, com estágio de 5 anos em botas de Jerez (500 litros) de carvalho francês, no sistema de solera. Encorpado e exuberante, esbanja notas florais, de mel, de tâmaras, de ameixas e de figos secos, com sua boa acidez e textura cremosa conferindo certo equilíbrio ao conjunto. Tem final cheio, com toques de cacau e de frutos secos. Para os queijos curados.

AD 90 — Barbadillo Fino Sherry

FORTIFICADO JEREZ $$$

Branco fortificado seco elaborado exclusivamente a partir de uvas Palomino Fino, com estágio de 3 anos em botas (barricas de carvalho de 500 litros), no sistema de solera, sempre protegido da oxidação pelo surgimento do véu de flor. Uma ótima introdução ao estilo Fino, com suas notas de frutos secos envolvendo todo o conjunto. Mostra ótima acidez, textura firme e final cativante, repleto de toques salinos. »

AD 90

Barbadillo Manzanilla Sanlúcar de Barrameda

FORTIFICADO JEREZ $$$

Uma boa porta de entrada para o fabuloso mundo dos Jerez, esse fortificado seco é elaborado exclusivamente a partir de uvas Palomino Fino, cultivadas em Sanlúcar de Barrameda (condição primordial para ser chamado de Manzanilla). No estilo Fino, ou seja, protegido da oxidação pelo surgimento do véu de flor durante todo o período de 3 anos em que estagia nas botas (barricas de carvalho de 500 litros), em sistema de solera. Tenso, fresco e complexo, esbanja notas de frutos secos e salinas envoltas por acidez vibrante e textura cremosa. Ideal para o aperitivo, de preferência na companhia de azeitonas e de presunto cru.

AD 89

Barbadillo Pale Cream Sherry

FORTIFICADO JEREZ $$$

Branco fortificado doce advindo do blend entre o fortificado seco Manzanilla (Palomino Fino) e o branco doce Moscatel. O resultado é um vinho adocicado, mas também repleto de frescor, de notas florais e de frutas brancas, o que o torna ótima companhia para sobremesas que levem frutas ou escoltando queijos azuis.

BENJAMIN DE ROTHSCHILD & VEGA SICILIA

Região: **Rioja**
Enólogo:
Gonzalo Iturriaga de Juan
Site: macan-wine.com
Enoturismo: Não
Importadora: Mistral

Bodegas Benjamin de Rothschild & Vega Sicilia é fruto da união de duas das maiores empresas vinícolas do mundo, Tempos Vega Sicilia e Compañía Vinícola Barón Edmond de Rothschild. Depois de cinco anos de estudos de terroirs e da aquisição de vinhas, o projeto desenvolve-se em 2009, com a primeira safra de dois vinhos, Macán e Macán Clásico (lançados ao mercado em 2013). O marco mais recente é a construção da vinícola, no município de Samaniego, na província de Álava, em andamento desde 2016.

AD 93

Macán Clásico 2016

TINTO RIOJA **$$$$$**

100% Tempranillo, a partir de vinhas de 30 a 50 anos, com estágio de 15 meses em barricas de carvalho francês (60% novas). Mostra aromas de frutas vermelhas e negras maduras, empireumáticos, de ervas e de especiarias doces, que se confirmam no palato. Opulento e suculento, destaca-se pela textura dos taninos e pela gostosa acidez. Delicioso agora, mas tem estrutura para ficar ainda melhor nos próximos 5 anos.

BODEGAS NAVAJAS

Região:
Rioja
Enólogo:
Vicente Lopez
Site: bodegasnavajas.es
Enoturismo: Sim
Importadora: Belle Cave

Fundada em 1918, Bodegas Navajas é uma vinícola familiar localizada em Navarrete, Rioja. A propriedade possui 30 hectares de vinhedos próprios e controla cerca de 150 de viticultores parceiros.

AD 91

Navajas Crianza 2015

TINTO | RIOJA | $$$

De ótima tipicidade, mostra frutas vermelhas acompanhadas de notas florais, de ervas, de tabaco e de especiarias doces, que aparecem tanto no nariz quanto na boca. Estruturado e fluido, tem acidez refrescante, taninos firmes e de fina textura e final persistente, com toques salinos, terrosos e de cerejas, que pedem mais um gole.

BORSAO

Região:
Campo de Borja
Enólogo:
José Luis Chueca
Site: bodegasborsao.com
Enoturismo: Sim
Importadoras: World Wine e La Pastina

As origens da propriedade remontam à 1958, quando a Cooperativa de Borja foi fundada juntamente com a marca Borsao. Em 2001, as cooperativas Pozuelo e Tabuenca estabeleceram uma parceria com a Borja e criaram uma nova empresa chamada Bodegas Borsao, que atualmente conta com cerca de 375 viticultores. A empresa possui uma importante identificação com a uva Garnacha, todos os vinhos têm como base a casta ou são elaborados exclusivamente com ela. Localizada na província de Zaragoza, Borsao detém aproximadamente 35% dos 7.500 hectares de vinhas cultivadas na Denominação de Origem Campo de Borja.

AD 91

Cabriola by Borsao 2016

TINTO | CAMPO DE BORJA | $$$

Tinto composto de uvas Garnacha, Syrah e Mazuelo (Carignan), advindas de vinhas entre 20 e 60 anos, com estágio de 12 meses em barricas de carvalho. Potente e untuoso, mostra frutas vermelhas e negras maduras permeadas por notas florais, de ervas secas e de especiarias doces, que se confirmam na boca. Tem vibrante acidez e taninos de ótima textura, que trazem certo equilíbrio ao conjunto. O final é suculento e cheio, com toques terrosos, de ameixas e de alcaçuz. »

AD 91

Tres Picos Garnacha 2017

TINTO CAMPO DE BORJA $$$$

Muito bem feito no estilo de maior concentração e madurez de fruta, mas com taninos firmes e ótima acidez, que conferem equilíbrio ao conjunto e fluidez ao vinho. Tem final cheio, carnudo e complexo, com toques salinos, de alcaçuz, de ervas e de chá preto.

AD 90

Borsao Selección Garnacha 2018

TINTO CAMPO DE BORJA $$$

Sempre consistente, mostra cerejas e amoras escoltadas por notas florais, terrosas e de ervas secas, que se confirmam na boca. Carnudo, tem acidez refrescante e taninos tensos e granulados, que trazem equilíbrio ao seu perfil de maior madurez e concentração. Tem final médio/longo, com toques salinos e especiados.

AD 89

Borsao Clásico Garnacha 2019

TINTO CAMPO DE BORJA $$

Mostra notas terrosas, defumadas e de especiarias doces envolvendo sua fruta negra madura no ponto certo. De corpo médio, tem acidez refrescante, taninos firmes e final suculento, com toques salinos e de ameixas.

AD 89

Borsao Clásico Garnacha 2018

TINTO CAMPO DE BORJA **$$**

Campos de Borja é uma DO localizada na província de Zaragoza e de onde vem as uvas 70% Garnacha, 20% Cabernet Sauvignon e 10% Tempranillo para elaborar este tinto sem passagem por madeira. Sempre consistente safra após safra, mostra notas florais, de ervas e de especiarias envolvendo toda sua fruta vermelha e negra madura. No palato, esbanja amoras e cerejas bem equilibradas por taninos de boa textura e refrescante acidez.

AD 89

Borsao Clásico Rosado 2018

ROSÉ CAMPO DE BORJA **$$**

Fresco e vibrante, mostra frutas vermelhas e cítricas seguidas de notas florais, de ervas e de especiarias doces, que aparecem tanto no nariz quanto na boca. De perfil gastronômico, tem final com toques terrosos e salinos, que pedem a companhia de embutidos.

AD 89

Tocado Garnacha 2017

TINTO CAMPO DE BORJA **$$**

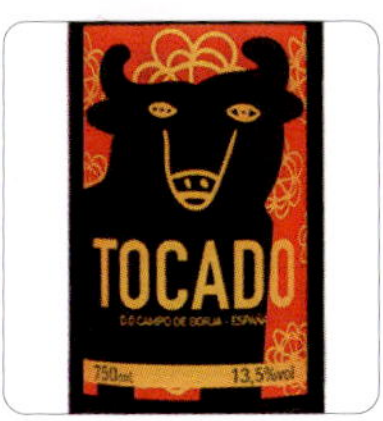

Campos de Borja é uma DO localizada na província de Zaragoza, de onde vem as uvas 100% Garnacha para elaborar este tinto sem passagem por madeira. Frutado e suculento, mostra ameixas e groselhas seguidas de toques florais e de especiarias. No palato, tem corpo médio, acidez refrescante, taninos de boa textura e final também médio, que convida a uma segunda taça, de preferência na companhia de embutidos.

CABALLERO

Região: **Jerez**
Enólogo: **Sergio Martínez**
Site: caballero.es/en/brands/la-ina/
Enoturismo: Sim
Importadora: Vinci

La Ina pertence ao grupo Caballero, uma empresa familiar fundada em 1830, situada em El Puerto de Santa María, em Cádiz, Andaluzia. A propriedade incorporou, em 1990, a Bodegas Lustau, a única vinícola que produz vinhos em cada uma das três cidades do chamado "triângulo de Jerez" (Jerez de la Frontera, El Puerto de Santa María e Sanlúcar de Barrameda). Em 2008, adquiriram quatro prestigiadas marcas da Domecq: Fino La Ina, Río Viejo, Viña 25 e Botaina. Caballero tem especial foco em exportações e, atualmente, está presente em mais de 50 países.

AD 93 **Río Viejo Oloroso**

FORTIFICADO JEREZ **$$$$**

Intenso e exuberante, mostra notas florais, de frutos secos e de especiarias doces envolvendo sua fruta madura e em compota, tudo equilibrado por acidez vibrante e textura firme e cremosa. Tem final persistente, com toques salinos, de amêndoas e de casca de frutas cítricas confitadas.

AD 92 **Viña 25 Pedro Ximénez**

FORTIFICADO JEREZ **$$$$**

Untuoso, mostra notas florais, de ervas e de frutos secos permeando sua fruta madura e em compota lembrando ameixas e figos, tudo equilibrado por acidez refrescante. Tem final cheio, cremoso e sedutor, com toques de melado, de cacau e de especiarias doces.

CANOPY

Região:
Méntrida
Enólogos:
Alfonso Chacón, Belarmino Fernández e Lorena Díaz
Site: www.bodegascanopy.com
Enoturismo: Sim
Importadora: Wine & Co.

Localizada no município de Camarena (Toledo), a 70 quilômetros de Madrid, Bodegas Canopy foi fundada em 2003 por Belarmino Fernández e Alfonso Chacón. A vinícola detém um importante patrimônio de vinhas, especialmente de uvas Garnacha, localizadas em El Real de San Vicente, no sopé sul da Serra de Gredos, a uma altitude entre 750 e 895 metros acima do nível do mar, com idades entre 60 e 95 anos. Mas também possuem vinhas de Syrah, em Camarena, de 30 anos, e um vinhedo antigo de Garnacha Blanca, em Ventas de Retamosa, um dos poucos desta casta que permanece no centro de Espanha.

AD 91

Castillo de Belarfonso 2016

TINTO | MÉNTRIDA | **$$$**

Exuberante e frutado, mostra cerejas e groselhas acompanhadas de notas florais, herbáceas e de especiarias doces, que aparecem tanto no nariz quanto na boca. Fluido e muito gostoso de beber, tem boa acidez, taninos arenosos e final persistente, com toques terrosos, sanguíneos e defumados.

AD 91

Ganadero Tinto 2018

TINTO MÉNTRIDA $$$

Tinto elaborado exclusivamente a partir de Garnacha, com estágio de 3 meses em carvalho francês. Tenso, vibrante e de uma rusticidade cativante, esbanja frutas vermelhas maduras, lembrando cerejas e framboesas, seguidas de notas terrosas, florais, de ervas secas e de especiarias doces. No palato, chama atenção pela refrescante acidez e pelos taninos firmes e marcantes, que trazem equilíbrio e profundidade ao vinho.

CARLOS SERRES

Região:
Rioja
Enólogo:
Roberto de Carlos
Site: www.carlosserres.com
Enoturismo: Não
Importadora: La Pastina

Carlos Serres era um consultor de vinhos em Bordeaux, que fundou sua vinícola em Haro, em 1896, sendo um dos pioneiros na exportação de vinhos espanhóis. A propriedade detém 60 hectares de vinhas, plantadas a 500 metros de altitude, em solos de composição argilo-calcária com alto conteúdo de cascalho. A principal variedade cultivada é a Tempranillo, representando quase 80% do total de vinhedos.

AD 90

Carlos Serres Crianza 2016

TINTO	RIOJA	$$$

Tinto elaborado majoritariamente a partir de Tempranillo, acrescido de Garnacha, com estágio de 14 meses em barricas de carvalho francês e americano. Mostra cerejas e groselhas seguidas de notas florais, tostadas, de especiarias e de ervas secas. Redondo e de corpo médio, tem taninos aveludados, acidez refrescante e final médio/longo, com toques terrosos e de tabaco, que pedem a companhia de carnes vermelhas ensopadas.

AD 90

Carlos Serres Viura Tempranillo Blanco 2019

BRANCO	RIOJA	$$

Mostra frutas brancas e de caroço maduras seguidas de notas florais, de ervas e de frutos secos, tudo equilibrado por acidez refrescante e textura firme e cremosa. Tem final agradável, com toques salinos e cítricos, que convidam a uma segunda taça.

AD 90

CS Tempranillo 2018

TINTO	RIOJA	$$

Sempre consistente, este 100% Tempranillo, sem passagem por madeira, é elaborado no estilo "jovén" e esbanja frutas vermelhas acompanhadas de notas terrosas, florais e de ervas secas. Franco, direto, gostoso de beber e de perfil gastronômico, tem taninos de boa textura, acidez refrescante e final suculento, confirmando o nariz.

>>

AD 89

Carlos Serres Rosé Tempranillo Garnacha 2017

ROSÉ RIOJA $$

Rosado, sem passagem por madeira, produzido pelo corte das castas Tempranillo (80%) e Granacha (20%), provindas de vinhedos com idade média entre 10 e 20 anos. Traz aromas de frutas vermelhas frescas e leve toque floral, enquanto em boca, revela todo frescor de sua fruta com final agradável e boa persistência. Um vinho leve, solto, descomplicado e objetivo. Uma ótima companhia para os dias quentes de verão e aperitivos leves.

CASA GRAN DEL SIURANA

Região:
Priorato
Enóloga:
Anna Gallisà
Site: www.casagrandelsiurana.com
Enoturismo: Não
Importadora: Casa Flora/Porto a Porto

Fundada em 2000, Casa Gran del Siurana pertence ao grupo Perelada, proprietários de alguns dos mais respeitados produtores de vinho da Espanha. Perelada decidiu apostar no terroir da região e, em Bellmunt del Priorat, Tarragona, adquiriu duas propriedades La Casa Gran e La Fredat. Atualmente, a vinícola conta com 16,5 hectares de vinhedos, plantados com castas autóctones, como Garnacha e Cariñena, e internacionais, Syrah, Cabernet Sauvignon, Cabernet Franc e Merlot.

AD 92

GR-174 2019

TINTO PRIORATO **$$$$**

Repleto de frutas lembrando cerejas e ameixas escoltadas por notas florais, terrosas, de ervas e de especiarias doces, que se confirmam na boca. Denso e untuoso, tem acidez refrescante e taninos firmes e de grãos finos, que trazem equilíbrio ao seu perfil de maior madurez de fruta e fluidez ao vinho. Alia concentração e tensão com maestria.

CASTELL DEL REMEI

Região:
Catalunha
Enólogo:
Tomàs Cusiné
Site: www.castelldelremei.com
Enoturismo: Sim
Importadora: Mistral

Situada em Lleida, na Denominacão de Origem Costers del Segre, Castell del Remei é uma das vinícolas mais antigas da Catalunha. Possuem cerca de 100 hectares de vinhedos, plantados com as variedades autóctones Garnacha, Tempranillo, Cariñena, Trepat, Malvasía e Macabeo e as internacionais Cabernet Sauvignon, Syrah, Chardonnay e Sauvignon Blanc. A propriedade é administrada pelo renomado enólogo Tomàs Cusiné.

AD 92

Castell del Remei Gotim Bru 2017

TINTO COSTERS DEL SEGRE **$$$**

Tinto composto de Tempranillo (35%), Garnacha (30%), Cabernet Sauvignon (20%), Merlot (10%) e Syrah (5%), com estágio de 10 meses em barricas de carvalho francês e americano. Potente, estruturado, mas » também refinado, mostra frutas vermelhas e negras maduras, seguidas de notas florais, especiadas e de ervas secas. Tem acidez refrescante, taninos de grãos finos e final cheio e longo, com toques terrosos, defumados, de cacau e de cerejas.

AD 91

Castell del Remei Gotim Blanc 2018

BRANCO | COSTERS DEL SEGRE | $$$

Chama atenção pela textura cremosa e pela acidez vibrante, que conferem tensão a esse branco, que esbanja frutas brancas e de caroço de perfil mais fresco, seguidas de notas florais, de ervas e de frutos secos. Gostoso de beber, deve ficar melhor ainda na companhia de frutos do mar em geral.

CASTELLBLANC

Região:
Catalunha
Site:grupofreixenet.com/en/bodegas-y-marcas/castellblanc/
Enoturismo: Sim
Importadora: Freixenet

Fundada pela família Parera, em 1908, Castellblanc é uma das vinícolas mais antigas produtoras de cava. Hoje, a empresa pertence ao renomado grupo Freixenet.

AD 89

Castellblanc Cava Brut

ESPUMANTE | CATALUNHA | $$

Cremoso e fácil de beber, tem acidez refrescante que traz equilíbrio ao seu perfil de maior dulçor. Mostra frutas brancas seguidas de notas florais e herbáceas, que se confirmam na boca. Tem final agradável, com toques cítricos.

AD 88 | **Castellblanc Cava Brut Rosé**
ESPUMANTE | CATALUNHA | **$$**

AD 87 | **Castellblanc Cava Semi Seco**
ESPUMANTE | CATALUNHA | **$$**

CASTILLO DE ARESAN

Região: **Castilla-La Mancha**
Enólogos: **Bernardo Ortega e Miguel Muñoz de la Cruz**
Site:www.groupegcf.fr
Enoturismo: não
Importadora: Cantu

Castillo de Aresan pertence ao renomado grupo Les Grands Chais de France (LGCF), um dos principais produtores de vinhos e bebidas alcoólicas da França. Adepta da agricultura orgânica, a vinícola possui cerca de 160 hectares de vinhas, com idade média de 15 a 20 anos.

AD 90 | **Castillo de Aresan Tempranillo 2019**

TINTO | TIERRA DE CASTILLA | **$$$**

Certificado orgânico, esse 100% Tempranillo mostra perfil de maior madurez de fruta, bem equlibrado por taninos aveludados e refrescante acidez. Tem final médio/longo, com toques terrosos, de ameixas, de flores e de especiarias doces. Para as carnes vermelhas assadas ou ensopadas.

>>

VINHOS

AD 89

Castillo de Aresan Cabernet Franc 2019

TINTO | TIERRA DE CASTILLA | **$$$**

De boa tipicidade, mostra notas de tabaco e de ervas envolvendo sua fruta negra madura. No palato, tem boa acidez e taninos firmes, que trazem equilíbrio à sua madurez de fruta e ao aporte de madeira, que aparece mais do que deveria, pelos menos por enquanto. Tem final carnudo, com toques terrosos e de cacau.

CEPA 21

Região:
Ribera del Duero
Enólogo:
Alvaro Maestro
Site: www.cepa21.com
Enoturismo: Sim
Importadora: Épice

Localizada em Ribera del Duero, Cepa 21 é um projeto de José Moro e seus irmãos, a terceira geração da vinícola familiar Emilio Moro. A empresa possui cerca de 50 hectares de vinhedos, situados entre 750 e 900 metros de altitude.

AD 90

Hito 2019

TINTO | RIBERA DEL DUERO | **$$$**

Carnudo, mostra notas terrosas, de cacau, de ervas secas e de especiarias doces permeando sua fruta vermelha e negra de perfil mais maduro. Sua boa acidez e seus taninos firmes trazem certo equilíbrio ao conjunto e ao aporte de madeira, que, por enquanto, aparece mais do que deveria.

CÉRVOLES CELLER

Região:
Catalunha
Enólogo:
Tomàs Cusiné
Site: cervoles.com/es/
Enoturismo: Sim
Importadora: Mistral

Cérvoles Celler foi criada pelo talentoso enólogo Tomàs Cusiné. Habituado a trabalhar o vinhedo nas planícies de Urgell (nos domínios de Castell del Remei, propriedade que a sua família adquiriu em 1982) Cusiné descobriu o grande potencial das vinhas de La Pobla de Cérvoles, situadas entre 700 e 750 metros de altitude. Assim nasceu a vinícola em 1997. Hoje, a empresa possui 55 hectares, distribuídos em doze parcelas, com vinhas principalmente de Garnacha, Tempranillo, Syrah, Cabernet Sauvignon, Merlot, Macabeu e Chardonnay, plantadas entre 1970 e 1989.

AD 91

Garnatxa de Cérvoles Vinyes Altes de Les Garrigues 2017

TINTO | COSTERS DEL SEGRE | **$$$$**

Esbanja frutas vermelhas maduras e em compota escoltadas por notas florais, de ervas e de especiarias doces, que se confirmam na boca, tudo sustentado por acidez vibrante e taninos tensos e granulados, que conferem fluidez ao vinho. Bem feito no estilo de maior opulência e de untuosidade.

CHAPILLON

Região: **Aragón**
Enólogo: **Christophe Chapillon**
Site: chapillon.com
Enoturismo: Não
Importadoras: Edega e Monvin

Nascido em Tours, no Vale do Loire, Christophe Chapillon decidiu, em 2006, iniciar seu projeto pessoal em Aragón (Aragão), na Espanha, onde vive desde 1986. Ele lançou a marca Chapillon com a ajuda de Cesar Langa (o mais antigo produtor familiar de Calatayud). Hoje, o portfólio da empresa abarca o Secret Reserva Brut Nature (um espumante integrado na DO Cava - composto de Chardonnay e Macabeo) e uma gama exclusiva de vinhos tranquilos.

AD 91

Chapillon Cuvée Paul 2018

TINTO CALATAYUD $$$

Mostra groselhas e cerejas, seguidas de notas florais, terrosas e de ervas secas. Tem acidez vibrante e taninos de firme textura, que conferem fluidez ao vinho e equilíbrio à madurez da fruta.Tem final cheio e persistente, com toques defumados, que pedem a companhia de embutidos.

AD 91

Secret Reserva Brut Nature

ESPUMANTE CALATAYUD $$$

Mostra notas florais, de padaria e de frutos secos envolvendo sua fruta branca e cítrica de perfil mais fresco. Cremoso e vibrante, tem ótima textura, bom volume de boca, acidez elétrica e final cativante e persistente, com toques salinos e de limão tahiti.

CIMS DE PORRERA

Região: **Priorato**
Enólogo: **Adrià Pérez**
Enoturismo: Não
Importadora: Casa Flora/Porto a Porto

Cims de Porrera foi fundada em 1996 pela família Pérez, uma das pioneiras no renascimento da vinificação na região de Porrera, na província de Tarragona (Catalunha). A vinícola dedica-se principalmente às vinhas velhas de Carignan e Grenache, algumas com mais de 100 anos. Hoje, a empresa integra o prestigiado grupo Peralada.

AD 94

Cims de Porrera Clàssic 2011

TINTO PRIORATO **$$$$$**

Cheio de camadas de aromas e de sabores, mostra notas florais, terrosas, de ervas, de tabaco e de especiarias envolvendo sua fruta, lembrando ameixas e amoras. Alia potência e opulência de fruta, com acidez vibrante e taninos firmes e de grãos finos, tudo mostrado de modo refinado, preciso e fluido, convidando a mais um gole. Prova viva de que finesse e tensão podem caminhar juntas com untuosidade e concentração.

VINHOS

CLOS FIGUERAS

Região:
Priorato
Enóloga:
Anne-Josephine Cannan
Site: www.closfigueras.info
Enoturismo: Sim
Importadora: Mistral

Situada em Gratallops, na província de Tarragona, Clos Figueras é uma das principais vinícolas na região de Priorat. Christopher Cannan decidiu comprar a propriedade em 1997 a conselho de René Barbier, de Clos Mogador. Adepta da agricultura ecológica, atualmente, a empresa detém 18 hectares.

AD 93

Font de la Figuera 2014

TINTO	PRIORATO	**$$$$$**

Tinto elaborado a partir de Garnacha, Cariñena, Syrah e Cabernet Sauvignon, com estágio de 12 meses em barris de carvalho francês. Fragante e de boa complexidade, exibe frutas vermelhas maduras, balsâmico, especiarias, ervas e notas tostadas. Harmonioso e gostoso de beber, chama atenção pelos taninos finos e de ótima textura, além da acidez vibrante e do final longo.

AD 93

Serras del Priorat 2018

TINTO	PRIORATO	**$$$$$**

Corte tinto composto de 55% Garnacha, 25% Cariñena, 15% Syrah e 5% Cabernet Sauvignon, com estágio de 7 meses em barris de carvalho francês de segundo uso. Exibe frutas vermelhas e negras maduras, notas balsâmicas, de especiarias e florais, que se confirmam no palato. Carnudo e suculento, tem acidez refrescante, taninos arenosos e de ótima textura e final longo, com toques de cerejas e de menta.

CLOS MOGADOR

Região:
Priorato
Enólogo:
René Barbier Meyer
Site: www.closmogador.com
Enoturismo: Sim
Importadora: Mistral

René Barbier, descendente de uma família de viticultores franceses, foi pioneiro na região de Priorat. Em 1979, ele comprou uma propriedade de 20 hectares em Gratallops (Tarragona), plantada com Garnacha, Cariñena, Cabernet Sauvignon e Syrah. Assim começou o projeto Clos Mogador. Seus vinhos fizeram grande sucesso em todo o mundo nos anos 1990 (atraindo para a região investidores como a renomada Bodegas Torres) e até hoje é uma das principais vinícolas de Priorat.

AD 96

Clos Mogador 2016

TINTO PRIORATO **$$$$$**

Uma ótima safra desse tinto, cheio de tensão e de vivacidade, mas também pleno de concentração e untuosidade, tudo mostrado de modo refinado, preciso e muito equilibrado. Os taninos finíssimos e firmes e a acidez refrescante aportam fluidez ao conjunto e equilíbrio a toda sua fruta lembrando cassis e amoras. Nítido e preciso, tem final denso e persistente, com toques terrosos, salinos e sanguíneos.

CRUZ DE ALBA

Região:
Ribera del Duero
Enólogo:
Sergio Ávila
Site: www.cruzdealba.es/es/
Enoturismo: Não
Importadora: Cantu

Cruz de Alba é um projeto que pertence ao renomado grupo Zamora, proprietário das marcas Licor 43, Villa Massa e Lolea, entre outras. A vinícola segue os princípios da agricultura biodinâmica e suas uvas vêm de um vinhedo único (Finca Los Hoyales), situado em Ribera del Duero.

AD 91

Cruz de Alba Crianza 2017

TINTO | RIBERA DEL DUERO | $$$$

Mostra notas florais, defumadas, de ervas e de especiarias doces, que envolvem sua fruta lembrando ameixas. Estruturado e potente, tem taninos firmes e de grãos finos e refrescante acidez, que trazem equilíbrio ao seu perfl mais maduro, conferindo fluidez ao vinho. Tem final carnudo e longo, com toques terrosos e de cacau. Para as carnes ensopadas.

CVNE

Região: **Rioja**
Enólogos:
Maria Larrea, Eva de Benito, Jesús Madrazo e Jorge Navascues
Site: www.cvne.com
Enoturismo: Sim
Importadoras: Mistral (Imperial e Contino) e Evino (Cune)

Situada em Haro, no bairro de La Estación, a Compañía Vinícola del Norte de España (CVNE) foi fundada em 1879 pelos irmãos Raimundo e Eusebio de Asúa. Oriundos de Bilbao, decidiram ir a um clima mais seco, como o de Rioja, para conter os problemas de saúde relacionados à asma de Eusebio. Em Haro, conheceram Isidro Corcuera, um viticultor local, com quem entraram nos negócios, comprando e misturando vinhos jovens. Foi o momento perfeito para empreender, as vendas de Rioja prosperavam enquanto a filoxera devastava os vinhedos na França. Atualmente, CVNE é composta por quatro vinícolas (CVNE, Imperial, Viña Real e Contino) e é administrada pela quinta geração da família Asúa, com Victor Urrutia, presidente da empresa, e sua irmã María, diretora de marketing.

AD 95

Imperial Gran Reserva 2009

TINTO | RIOJA | **$$$$$**

Um clássico de Rioja e da Espanha, justifica a sua fama num tinto que esbanja refinamento e precisão. Ótimo exemplo do estilo clássico e velha escola, em que a acidez pulsante e os taninos firmes e de grãos finos ditam as regras e equilibram toda sua fruta vermelha madura no ponto certo. Tem final muito longo e complexo, com toques terrosos, florais, de tabaco e de cerejas ao licor. Está delicioso agora, mas tem tudo para melhorar nas próximas décadas.

»

AD 94

Contino Graciano 2016

TINTO | RIOJA | **$$$$$**

Exuberante nos aromas e potente nos sabores, mostra frutas negras de perfil mais maduro envoltas por notas florais, de ervas e de especiarias doces. Mas, é na boca que merece atenção com sua acidez vibrante e seus taninos tensos, que conferem fluidez e equilíbrio a toda sua untuosidade. Tem final longo e concentrado, com toques de cassis. Aqui opulência, precisão e elegância convivem harmonicamente.

AD 93

Cune Reserva 2015

TINTO | RIOJA | **$$$**

Complexo nos aromas, mostra notas florais, defumadas, de tabaco e de especiarias doces escoltando sua fruta lembrando ameixas e amoras. Cativante e gostoso de beber, tem bom volume de boca, taninos de grãos finos, acidez na medida e final suculento e persistente, com toques terrosos, de couro e de ervas frescas.

DE ANDRÉS SISTERS

Região:
Rueda
Enóloga:
Ruth De Andrés
Site: www.deandressisters.com
Enoturismo: Não
Importadora: World Wine

Ruth e Ana de Andrés elaboram vinhos nas principais regiões produtoras da Espanha, como Ribera del Duero, Rioja, Rueda e

Rías Baixas, entre outras. Atualmente, as irmãs Andrés administram 150 hectares de vinhedos, divididos em 115 parcelas.

AD 90

Alegra Verdejo 2018

BRANCO | RUEDA | **$$$**

Branco elaborado exclusivamente a partir de Verdejo, sem passagem por madeira. Fresco, cativante e de boa tipicidade, mostras notas florais, de ervas e de especiarias picantes, acompanhando sua fruta, lembrando maçãs e peras, tudo sustentado e equilibrado por acidez refrescante, textura firme e final atrativo, com toques de lima-da-pérsia e de camomila.

DESCENDIENTES DE J. PALACIOS

Região:
Bierzo
Enólogos:
Álvaro Palacios e Ricardo Pérez
Site: alvaropalacios.com/descendientes-de-j-palacios/
Enoturismo: Não
Importadora: Mistral

Localizada em Corullón, na DO Bierzo, Descendientes de J. Palacios é um projeto de Álvaro Palacios e seu sobrinho Ricardo Pérez. A história de Álvaro na produção de vinhos é anterior a criação da vinícola Descendientes, seu trabalho como produtor independente começou em meados de 1990, no Priorat. Hoje, a empresa possui 45 hectares de vinhedos, distribuídos em 220 parcelas.

>>

VINHOS

AD 92

Pétalos 2017

TINTO BIERZO **$$$$**

Fluido e muito gostoso de beber, mostra ameixas e amoras escoltadas por notas florais, de ervas e de especiarias doces, que se confirmam na boca, tudo sustentado por taninos granulados e boa acidez. Tem final cativante, com toques terrosos e de couro.

DIEGO MAGAÑA WINES

Regiões:
Rioja e Bierzo
Enólogo:
Diego Magaña
Site: www.vinamagana.com
Enoturismo: Não
Importadora: World Wine

Dominio de Anza é um projeto de Diego Magaña, um dos grandes nomes da nova geração de enólogos e do vinho espanhol. Sob a influência de seu amigo Raúl Pérez, Magaña produziu seus primeiros vinhos na região de Bierzo em 2014. Hoje, além de Bierzo, onde produz os premiados Rapolao e Parcelario, seu portfólio inclui o Anza, projeto de Diego na zona de Rioja Alavesa, um tinto elaborado a partir de vinhas com 60 anos de idade.

AD 96

Dominio de Anza Finca El Rapolao 2017

TINTO BIERZO $$$$$

Blend tinto elaborado a partir de Mencía, Alicante Bouschet e Sousón (também conhecida como Vinhão e Sousão, em Portugal). Mais uma excelente edição desse vinho, mostra notas florais, de ervas e de especiarias envolvendo sua fruta vermelha de perfil mais fresco. Austero, vertical e muito preciso, impressiona pela textura fina de seus taninos, pela acidez vibrante e pelo final longo e persistente, com toques terrosos, de grafite e de cerejas.

AD 95

Dominio de Anza Finca El Rapolao 2016

TINTO BIERZO $$$$$

Mostra frutas vermelhas, especiarias, floral, ervas secas e discreta nota de chá preto. Tem acidez marcante, taninos firmes e de ótima textura e final intenso e longo. Um vinho cheio de camadas, com estrutura e concentração, mas ao mesmo tempo elegante e profundo. Blend tinto elaborado a partir de Mencía, Alicante Bouschet e Sousón (também conhecida como Vinhão e Sousão, em Portugal), com estágio de 12 meses em barris de carvalho francês.

AD 95

Dominio de Anza Parcelario I 2016

TINTO BIERZO $$$$$

Tinto composto de uvas Mencía, Alicante Bouchet, Souson e Doña Blanca, advindas de vinhas de idade média de 80 anos, fermentado com engaços e estágiado 12 meses em barris de carvalho francês. Não se engane com ele. Por ser suculento, muito equilibrado e cheio de fruta, parece fácil de beber. Atrás dessa aparente facilidade, esconde nuances de sabores e de textura»

que conferem profundidade e verticalidade. Tem acidez vibrante, taninos firmes e de grãos finos e final longo, com toques terrosos, de ervas, de flores e de especiarias doces. Autêntico lobo em pele de cordeiro.

AD 93

Anza 2017

TINTO | RIOJA | **$$$$**

Corte tinto composto predominantemente de uvas Tempranillo (95%) e pequena parte de outras variedades (Viura, Malvasia, Graciano e Mazuelo), com estágio de 9 meses em foudres de 4.000 litros e barricas usadas de carvalho francês. Destaca-se pelo frescor e pela nitidez de sua fruta vermelha, além de notas especiadas, de ervas e florais. Vertical e tenso, tem taninos de ótima textura, acidez vibrante e final saboroso e persistente, com toques de cerejas, salinos e cítricos.

AD 93

Dominio de Anza Selección de Parcelas 2017

TINTO | BIERZO | **$$$$**

Tinto composto de uvas Mencía, Garnacha e Sousón, advindas de vinhas de idade média de 80 anos, fermentado com 50% de engaços e estágiado 14 meses em foudres de carvalho francês. Chama atenção pela qualidade de fruta vermelha e negra de perfil mais fresco e pela textura firme e tensa de seus taninos, que fazem com que o vinho se projete na boca com força e profundidade. As notas florais, especiadas e de ervas frescas dão o toque final de complexidade.

DOMINIO DE PINGUS

Região:
Ribera del Duero
Enólogo:
Peter Sisseck
Site: www.pingus.es
Enoturismo: Não
Importadora: Mistral

Fundada em 1995, Dominio de Pingus pertence ao genial Peter Sisseck. Em 1990, ele foi trabalhar na Espanha com o tio Peter Vinding-Diers (que era famoso por ter revivido os brancos de Bordeaux). Cinco anos depois, começou seu projeto Pingus, um Tempranillo de vinhas velhas e minúscula produção, que imediatamente se tornou um sucesso. Sua ascensão ao status de elite foi rápida, mas ao longo de 25 anos, esta propriedade manteve sua reputação de excelência, tornando-se uma das melhores vinícolas da Espanha. Os reconhecidos e reputados Flor de Pingus e Pingus são elaborados por Peter Sisseck e pertencentes ao Dominio de Pingus. Já PSI, é o rótulo fruto do projeto que visa trabalhar com os produtores locais para cultivar vinhas velhas plantadas em pequenas parcelas. Apesar de ser, aparentemente, mais um rótulo do Dominio de Pingus esse trabalho, também assinado por Sisseck, é independente e os vinhos são produzidos e vendidos sob o nome de Bodegas Y Viñedos Alnardo.

AD
94

Flor de Pingus 2014

TINTO RIBERA DEL DUERO **$$$$$**

Mais uma ótima safra desse tinto, que mostra concentração, opulência e perfil de maior madurez de fruta, mas também taninos firmes e de fina textura e refrescante acidez, conferindo fluidez ao vinho e equilíbrio ao conjunto. Tem final persistente, com toques terrosos, de ameixas, de ervas secas e de especiarias doces. Ainda está jovem e deve ficar ainda melhor nos próximos 10 anos. »

AD 93 | **PSI 2017**

TINTO | RIBERA DEL DUERO | **$$$$$**

PSI é um projeto de Peter Sisseck e produtores locais, seguindo os preceitos da viticultura orgânica e biodinâmica. Apresenta notas de frutas vermelhas e negras maduras, de especiarias, florais, de ervas e de fumo. Estruturado e carnudo, mostra-se harmonioso no palato, com acidez refrescante, taninos numerosos e de ótima textura e final persistente, com toques de amoras e de violetas. Delicioso agora, mas pode ficar ainda melhor nos próximos 10 anos.

EMILIO MORO

Região:
Ribera del Duero
Enólogo:
Alvaro Maestro
Site: www.emiliomoro.com
Enoturismo: Sim
Importadora: Épice

Emilio Moro é uma das principais vinícolas de Ribera del Duero. Fundada em 1932, a propriedade durante décadas vendia sua produção a terceiros, até que, em 1989, o enólogo José Moro, atual presidente da empresa, terceira geração da família, decidiu comercializar seus vinhos. Atualmente, a vinícola administra cerca de 200 hectares de Tinto Fino (Tempranillo), com idades entre 25 e 90 anos.

AD 92

Emilio Moro 2018

TINTO RIBERA DEL DUERO **$$$$**

Muito bem feito no estilo de maior concentração e madurez de fruta, com boa acidez e taninos firmes e arenosos, que trazem fluidez ao vinho e equilíbrio ao conjunto. Tem final persistente, com toques terrosos, salinos, de ameixas e de especiarias doces.

AD 91

Finca Resalso 2018

TINTO RIBERA DEL DUERO **$$$**

Fluido, cativante e repleto de groselhas e framboesas seguidas de notas florais e de ervas, com acidez refrescante e taninos de boa textura conferindo sustentação ao conjunto. Tem final médio/longo, com toques terrosos, salinos e de cerejas.

FAMILIA CONESA - PAGO GUIJOSO

Região:
Castilla-La Mancha
Enólogo:
Paco Granados
Site: familiaconesa.com
Enoturismo: Sim
Importadoras: Edega e Monvin

Familia Conesa - Pago Guijoso, localizada no município de El Bonillo, província de Albacete, sudeste de Castilla-La Mancha, passou para o comando da família Conesa, em 2013, quando »

Familia Conesa - Pago Guijoso

Antonio Conesa adquiriu a propriedade de 2 mil hectares. Entre outras culturas, como amendoeiras e damasqueiros, a vinícola possui 120 hectares de vinhedos, a 1.100 metros de altitude, de cultivo orgânico e biodinâmico, dos quais 100 são de vinhas antigas, plantadas na década de 1980.

AD 91

El Beso de las Uvas 2014

TINTO | CASTILLA-LA MANCHA | **$$$$**

Elaborado no sistema de solera, é composto de várias safras, majoritariamene da 2014. Apesar da madeira possuir papel mais importante do que deveria, tem acidez refrescante e taninos firmes e granulados, que conferem sustentação ao conjunto. Tem final suculento, com toques especiados, terrosos, de couro e de ameixas maduras.

AD 91

La Doncella de las Viñas 2018

TINTO | CASTILLA-LA MANCHA | **$$$**

De ótima tipicidade, mostra notas terrosas, de ervas e de especiarias doces, que aparecem tanto no nariz quanto na boca, tudo sustentado por viva acidez e taninos firmes e de grãos finos. Tem final cativante, com toques de cerejas e de couro.

AD 90

Viña Consolación Tempranillo 2019

TINTO | CASTILLA-LA MANCHA | **$$$**

Mostra frutas vermelhas e negras seguidas de notas florais, de ervas e de especiarias doces, que aparecem tanto no nariz quanto na boca. Estruturado, tem taninos firmes e de grãos finos, acidez refrescante e final cheio e persistente, com toques terrosos e de ameixas, que convidam a uma segunda taça.

FÉLIX CALLEJO

Região:
Ribera del Duero
Enólogos:
Noelia e José Felix Callejo
Site: www.bodegasfelixcallejo.com
Enoturismo: Sim
Importadoras: Edega e Monvin

Fundada em 1989, Bodegas Félix Callejo é atualmente administrada pela segunda geração da família, Beatriz, Noelia, José Félix e Cristina Callejo. A propriedade detém cerca de 55 hectares de vinhas, plantadas com Tinto Fino, Garnacha, Albillo Mayor e Merlot, localizadas entre 830 e 930 metros de altitude.

AD 93

Gran Callejo 2010

TINTO RIBERA DEL DUERO **$$$$$**

Paciência com ele. No início estava um pouco fechado, mas com o tempo na taça mostra notas defumadas, florais, de ervas e de tabaco escoltando sua fruta, lembrando cerejas negras e ameixas. Potente e denso, tem taninos tensos e arenosos e boa acidez, que conferem certo equilíbrio ao conjunto e profundidade ao vinho. Grande em todos os sentidos, é muito bem feito nesse estilo mais opulento e tem tudo para ficar ainda melhor nos próximos 10 anos.

AD 92

Callejo 2015

TINTO RIBERA DEL DUERO **$$$$**

Impressiona pelos taninos firmes e arenosos, que conferem tensão, verticalidade e sustentam toda sua fruta, lembrando ameixas e amoras maduras. Estruturado e untuoso, tem acidez refrescante » e final persistente, com toques terrosos, de ervas, de cacau e de especiarias doces.

AD 91

Flores de Callejo 2018

TINTO RIBERA DEL DUERO $$$

Este tinto orgânico é uma seleção dos vinhedos La Emilia, La Helga, Astrales, Jaime, Sandelaisa e Bodega, todos localizados a uma altitude entre 830 e 850 metros. Em nariz, é cativante, com notas de frutas vermelhas maduras, balsâmicas, florais e de ervas. Equilibrado e gostoso de beber, tem acidez afiada, taninos macios e de ótima textura e final longo, com toques de ameixas e de tomilho.

FONTANA

Região:
Castilla-La Mancha
Enólogo:
Tomás Buendía
Site: bodegasfontana.com
Enoturismo: Sim
Importadoras: Edega e Monvin

Com mais de trinta anos de tradição no setor vitivinícola, Bodegas Fontana pertence à família Cantarero Morales. A empresa possui 500 hectares de vinhedos próprios, distribuídos entre as províncias de Cuenca e de Toledo, ambas em Castilla-La Mancha.

AD 91

Quercus 2013

TINTO CASTILLA-LA MANCHA **$$$$**

Aqui os taninos firmes e de ótima textura tem papel de suma importância para trazer equilíbrio ao seu estilo de maior madurez e concentração, tudo envolto por ameixas maduras e em compota. Tem final cheio e opulento, com toques terrosos, especiados e de cacau.

AD 89

Dominio D Fontana Roble Tempranillo Syrah 2017

TINTO CASTILLA-LA MANCHA **$$$**

Cheio de ameixas e amoras maduras escoltadas por notas florais, de ervas e de especiarias doces. Tem boa acidez e taninos firmes, que trazem certo equilíbrio ao seu estilo de maior concentração. Tem final carnudo, com toques terrosos e de chocolate.

AD 88 **Dominio D Fontana Sauvignon Blanc Verdejo 2018**
BRANCO | CASTILLA-LA MANCHA | **$$$**

FREIXENET

Região:
Catalunha
Enólogos:
Josep Buján e Gloria Collell
Site: www.freixenet.es/es
Enoturismo: Sim
Importadora: Freixenet

Depois de ter incorporado a italiana Mionetto Prosecco, em 2008, e tantas outras marcas, em 2018, a produtora de espumantes alemã Henkell comprou o grupo Freixenet (nascendo assim a Henkell Freixenet). Maior produtor de espumantes do mundo, a Henkell Freixenet é parte do gigantesco Oetker Group. Com mais de 150 anos de experiência, a empresa é líder no setor vitivinícola espanhol e líder mundial em vinhos espumantes de alta qualidade produzidos pelo método tradicional.

AD 92

Freixenet Reserva Real Brut

ESPUMANTE CATALUNHA **$$$$**

Cava brut elaborado pelo método tradicional a partir de Macabeo, Xarel-lo e Parellada, mantido por, pelo menos, 30 meses em contato com as leveduras. Sempre consistente e muito bem feito nesse estilo mais vinoso, repleto de frutos secos, notas carameladas, tostadas e de fermento, que trazem complexidade ao conjunto. Tem bom volume de boca, ótima cremosidade, acidez refrescante e final cheio e longo, com toques cítricos e terrosos.

AD 91

Elyssia Grand Cuvée Brut

ESPUMANTE CATALUNHA $$$

Cava branco brut elaborado pelo método tradicional a partir de Chardonnay, Macabeo, Parellada e Pinot Noir, com mínimo estágio de 15 meses de contato com as leveduras. Tenso e cremoso, tem refrescante acidez e bom volume de boca, tudo acompanhado de frutas brancas e de caroço maduras seguidas por notas tostadas, de fermento e de especiarias, além de toques florais, de mel e de frutos secos. Tem final cheio e persistente, com toques salinos e cítricos.

AD 91

Elyssia Pinot Noir Brut Rosé

ESPUMANTE CATALUNHA $$$

Cava rosé brut elaborado pelo método tradicional exclusivamente a partir de Pinot Noir, com mínimo estágio de 10 meses em contato com as leveduras. Fresco e cremoso, apresenta aromas de frutas vermelhas envoltas por notas tostadas, florais, de ervas e de especiarias. No palato, tem bom volume, vibrante acidez e final tenso e persistente, com toques salinos, de morangos e de fermento.

AD 91

Freixenet Vintage Reserva Brut Nature 2018

ESPUMANTE CATALUNHA $$

Fresco, cativante e gostoso de beber, chama atenção pela cremosidade e pela boa acidez, tudo envolto por frutas brancas e secas e notas especiadas, tostadas e de ervas. Tem final persistente e agradável, com toques salinos, de padaria e de limão siciliano, que convidam a uma segunda taça.

>>

AD 90

Freixenet Cordón Negro Brut

ESPUMANTE CATALUNHA **$$**

Uma ótima edição desse espumante. Dentro do perfil de maior sensação de dulçor e de madurez de fruta, tem gostosa acidez e textura firme, que trazem sustentação ao conjunto. Tem final agradável, com toques florais, de padaria, de ervas e de frutos secos.

AD 89

Mía Delicate & Sweet Sparkling Moscato Rosé

ESPUMANTE CATALUNHA **$$**

Fresco e vibrante, mostra frutas brancas e vermelhas seguidas de notas florais e de ervas que se confirmam no palato, tudo equilibrado por acidez vibrante e textura cremosa. Tem final refrescante, com toques de limão e de morangos.

AD 88 **Freixenet Cordón Rosado Brut**
ESPUMANTE | CATALUNHA | **$$**

AD 88 **Mía Fresh & Crisp Sparkiling**
ESPUMANTE | CATALUNHA | **$$**

AD 88 **Mía Fruity & Sweet Sparkling Moscato**
ESPUMANTE | CATALUNHA | **$$**

AD 87 **Freixenet Alcohol Free Sparkling**
ESPUMANTE | CATALUNHA | **$$**

AD 87 **Freixenet Carta Nevada**
ESPUMANTE | CATALUNHA | **$$**

AD 86 | **Mía Branco 2019**
BRANCO | ESPANHA | **$$**

AD 86 | **Mía Tinto 2018**
TINTO | ESPANHA | **$$**

FRONTAURA

Regiões: **Toro e Rueda**
Enólogo: **Juan Martín Hinojal**
Site: www.bodegasfrontaura.com/es/
Enoturismo: Sim
Importadora: Domno

Bodegas Frontaura é um projeto iniciado em 1999, na região de Toro, na província de Zamora. A propriedade dedica-se à uva Tempranillo. Cerca de 120 hectares são ocupados pela variedade, que é chamada localmente de Tinta de Toro. Seu portfólio é composto majoritariamente por tintos, mas também se destaca um branco 100% Verdejo produzido na DO Rueda. O enólogo é o experiente Juan Martín Hinojal.

AD 93 | **Frontaura Verdejo 2016**

BRANCO	RUEDA	**$$$$**

Branco elaborado exclusivamente a partir de uvas Verdejo advindas do Pago de La Erilla, em Rueda, com fermentação e estágio de 7 meses em barricas de carvalho francês. Um verdadeiro branco com alma de tinto, ainda está jovem, mas já mostra frutas brancas e tropicais ma- »

duras permeadas por notas florais, amanteigadas e de ervas. De bom corpo, tem refrescante acidez, textura firme e cremosa e final cheio e persistente, com toques frutos secos, de de baunilha e de mel. Tem tudo para ficar ainda melhor nos próximos 5 anos.

AD 90

Frontaura y Victoria Kosher 2019

TINTO | TORO | $$$

Fragrante e cativante, mostra frutas vermelhas maduras, especiarias, ervas e grafite, que se repetem na boca. Tem acidez refrescante, taninos intensos e de boa textura e final médio/longo.

AD 89

Vega Murillo 2018

TINTO | TORO | $$

Tinto elaborado exclusivamente a partir de uvas Tempranillo, com estágio de 3 meses em barricas de carvalho francês. Mostra notas de framboesas e de ameixas, acompanhadas de toques florais, de ervas, de especiarias doces e de tabaco, que aparecem tanto no nariz quanto na boca. Suculento e saboroso, tem boa tipicidade, refrescante acidez, taninos aveludados e final médio/longo, convidando a uma segunda taça, de preferência escoltando embutidos.

GARCÍA CARRIÓN

Regiões:
Ribera del Duero, Rioja, Toro, Penedès e Rueda, entre outras
Enólogos:
Orestes Garcia-Mijan Gomez (Don Luciano); Marta Fontanals (Jaume Serra); Eduardo Romero (Marqués de Carrión) e Rafael Arevalo (Mayor de Castilla)
Site: garciacarrion.com
Enoturismo: Sim
Importadora: Adega Alentejana

García Carrión é um tradicional grupo espanhol ligado ao mundo do vinho desde 1890. Com vinhedos em mais de 10 Denominações de Origem, incluindo as prestigiadas Ribera del Duero e Rioja, a empresa engloba as marcas Don Luciano, Jaume Serra, Marqués de Carrión e Mayor de Castilla, entre outras. Desde 1968, o grupo é administrado por José García Carrión e, em 1997, Luciano, seu filho, quinta geração da família, juntou-se à empresa.

AD 92

Mayor de Castilla Gran Reserva 2010

TINTO | RIBERA DEL DUERO | **$$$**

No estilo mais velha escola, mostra frutas vermelhas maduras e em compota emolduradas por notas florais, tostadas, de couro e de especiarias, que se confirmam no palato. Encorpado, tem taninos firmes, boa acidez e final suculento e persistente, com toques de tabaco, de cacau e de cerejas. A madeira ainda aparece mais do que deveria, mas nada que uns 5 anos em garrafa não resolva. Para ensopados mais substanciosos, perfeitos para os dias mais frios. »

AD 92

Mayor de Castilla Reserva 2014

TINTO RIBERA DEL DUERO $$$

Aqui a acidez vibrante e os taninos firmes e de textura arenosa ditam as regras, trazem sustentação ao conjunto e conferem fluidez e profundidade ao vinho. Tem final persistente, com toques terrosos, de especiarias doces e de cerejas, que pedem a companhia de carnes vermelhas ensopadas.

AD 90

Mayor de Castilla Tempranillo 2019

TINTO RIBERA DEL DUERO $$

Grata surpresa. Um Tempranillo de carteirinha, que esbanja frutas vermelhas e negras de perfil mais fresco, escoltadas por notas florais, terrosas e de ervas. Mas, é na boca que merece atenção, com sua acidez vibrante e seus taninos firmes e arenosos, que pedem a companhia de embutidos.

AD 90

Solar de Carrión Crianza 2016

TINTO RIOJA $$$

Encorpado, apresenta frutas vermelhas e negras de perfil mais maduro, seguidas de notas florais, de ervas e de especiarias doces. No palato, tem boa acidez e taninos firmes, que trazem equilíbrio ao conjunto. Tem final cheio e persistente, com toques terrosos e de ameixas.

AD 89

Mayor de Castilla Crianza 2015

TINTO RIBERA DEL DUERO $$$

Mostra frutas vermelhas lembrando cerejas e groselhas, seguidas de notas tostadas, florais e de especiarias, que aparecem tanto no nariz quanto na boca. Tem boa acidez e taninos firmes, que trazem certo equilíbrio ao aporte de madeira, que aparece mais do que deveria.

AD 89

Mayor de Castilla Verdejo 2019

BRANCO | RUEDA | $$$

De boa tipicidade, mostra aromas cativantes de frutas brancas e de caroço acompanhados de notas florais e de ervas, que se confirmam na boca, tudo equilibrado por gostosa acidez e textura cremosa. Tem final agradável, com toques salinos e cítricos.

AD 89

Solar de Carrión Tempranillo 2018

TINTO | RIOJA | $$

Tinto elaborado majoritariamente a partir de Tempranillo, com breve passagem por madeira. Gostoso de beber e de perfil gastronômico, mostra cerejas e groselhas acompanhadas de notas florais, terrosas e de ervas, tanto no nariz quanto na boca. De médio corpo, tem taninos de boa textura, refrescante acidez e final também médio, com toques de especiarias.

AD 88 **Don Luciano Rosé 2020**
ROSÉ | LA MANCHA | $

AD 88 **Don Luciano Tempranillo 2019**
TINTO | LA MANCHA | $

AD 88 **Don Luciano Tempranillo 2018**
TINTO | LA MANCHA | $

AD 88 **Jaume Serra Brut**
ESPUMANTE | CAVA | $$

AD 86 **Don Luciano Airén**
BRANCO | LA MANCHA | $

AD 86 **Jaume Serra Semi Seco**
ESPUMANTE | CAVA | $$

GARMÓN CONTINENTAL

Região:
Ribera del Duero
Enólogo:
Mariano García
Site: www.garmoncontinental.com
Enoturismo: Não
Importadora: World Wine

Garmón Continental é um projeto da família García, proprietários da Bodegas Mauro e da San Román Bodegas y Viñedos. Com a primeira safra em 2014, Garmón provém de uma seleção de vinhas, com idades entre 40 e 80 anos, situadas nas zonas orientais de Ribera del Duero: Baños, Tubilla, La Aguilera e Anguix (na margem direita do rio) e Moradillo (do lado esquerdo). Em 2018, novos plantios foram feitos em Valbuena e Olivares. A vinícola é administrada pelo renomado enólogo Mariano García, ex-comandante de Vega Sicília, um dos grandes personagens da vinicultura espanhola.

AD 94

Garmón 2017

TINTO | RIBERA DEL DUERO | **$$$$$**

Tinto elaborado exclusivamente a partir de uvas Tempranillo cultivadas em vinhedos com idade entre 30 e 100 anos, com estágio de 18 meses em barris de carvalho francês de 225 e de 500 litros. Carnudo e potente, mostra cerejas e ameixas escoltadas por notas florais, de ervas, de tabaco e de especiarias. Mas, é na boca que merece atenção, com sua ótima acidez e taninos firmes e finos, que trazem sustentação e fluidez ao conjunto. Tem final cheio elegante e persistente, com toques terrosos, defumados e de cacau. Ainda está jovem e deve ficar ainda melhor nos próximos 10 anos.

AD 93

Garmón 2016

TINTO RIBERA DEL DUERO $$$$$

Elaborado com Tempranillo, esse vinho que nasceu como filho único da vinícola, tendo como primeira safra a de 2014. Começaram com 37 mil garrafas tendo agora na safra de 2016 aproximadamente 55 mil. Em seu estágio de amadurecimento permanece por 16 meses em barricas de carvalho francês. Com aroma de frutas vermelhas suculentas e tabaco, traz certa complexidade aromática. Na boca apresenta taninos equilibrados, boa acidez e ótima persistência.

GÓMEZ CRUZADO

Região:
Rioja
Enólogo:
David González
Site: www.gomezcruzado.com
Enoturismo: Sim
Importadora: BMR / VinGardeValise Brasil

A origem de Gómez Cruzado remonta a 1886, quando Ángel Gómez de Arteche, um nobre mexicano de relações familiares com o Ducado de Moctezuma de Tultengo, decidiu produzir e engarrafar vinhos em Haro, no coração de Rioja Alta. Em 1916, a propriedade foi adquirida por Agustín e Jesús Gómez Cruzado, ambos naturais de Rioja, que deram origem ao atual nome da vinícola. A bodega cultiva uvas nas zonas de Alto Najerilla, Bajo Najerilla e Sierra Cantabria (em Rioja Alta e Rioja Alavessa) e produz anualmente menos de 200 mil garrafas. Atualmente, a empresa pertence à família Baños e o enólogo é o experiente David González. >>

AD 93 — Cerro Las Cuevas Selección Terroir 2017

TINTO | RIOJA | **$$$$**

Tinto composto de uvas 80% Tempranillo, 12% Graciano, 3% Mazuelo e 5% Garnacha, advindas de um único vinhedo de mais de 90 anos, com posterior estágio em foudres de carvalho francês. Mostra cerejas e amoras escoltadas por notas florais, herbáceas e de especiarias doces, tanto no nariz quanto na boca. Tenso, fluido e muito preciso, tem acidez refrescante, taninos finos e de ótima textura e final profundo e vibrante, com toques terrosos, de alcaçuz e de giz. Ainda jovem, está delicioso de se beber agora, mas irá recompensar os pacientes nos próximos 10 anos.

AD 92 — Gómez Cruzado Reserva 2014

TINTO | RIOJA | **$$$**

Potente e estruturado, mostra notas florais, terrosas, defumadas e de ervas envolvendo sua fruta vermelha e negra de perfil mais maduro, tudo equilibrado e sustentado por taninos arenosos e acidez refrescante. Tem final cheio e persistente, com toques especiados e de cerejas, que convidam a uma segunda taça.

AD 92 — Gómez Cruzado Reserva 2012

TINTO | RIOJA | **$$$**

Tinto elaborado exclusivamente a partir de Tempranillo, com estágio de 18 meses em barricas novas e usadas de carvalho 50% americano e 50% francês. Rioja de carteirinha, esbanja frutas vermelhas e negras maduras adornadas por notas tostadas, florais, de ervas secas e de especiarias doces, tudo sustentado por taninos firmes e de grãos finos e refrescante acidez. Tem final persistente, com toques terrosos, de tabaco e de cerejas maduras.

AD 91 — Gómez Cruzado Crianza 2017

TINTO | RIOJA | **$$$**

De boa tipicidade, mostra amoras e groselhas seguidas de notas florais, de ervas e de especiarias doces, que aparecem tanto no nariz quanto na boca. Gostoso de beber, tem refrescante acidez, taninos de boa textura e final cativante e persistente, com toques terrosos, de couro e de tabaco. Uma ótima edição desse tinto.

AD 91 — Gómez Cruzado Honorable 2015

TINTO | RIOJA | **$$$$**

Tinto composto majoritariamente a partir de Tempranillo e pequenas partes de Garnacha, Graciano, Mazuelo e Viura, com estágio de 18 meses em barricas novas de carvalho francês. Ainda jovem, mostra notas tostadas, de chocolate e de especiarias doces envolvendo sua fruta vermelha e negra. Estruturado, tem taninos firmes e de grãos finos e acidez refrescante, que equilibram o aporte de madeira. Está bom agora, mas deve ficar ainda melhor em 10 anos. Paciência com ele.

AD 90 — Gómez Cruzado Blanco 2018

BRANCO | RIOJA | **$$$**

Branco composto de 75% Viura e 25% Tempranillo Blanco, com estágio de parte do vinho durante 5 meses em barricas de carvalho francês sem tostar. Exuberante nos aromas, mostra frutas brancas e de caroço acompanhadas de notas florais e de ervas frescas. Gastronômico e gostoso de beber, tem bom volume de boca, ótima acidez, textura cremosa e final agradável, com toques de pêssegos, de maçãs e de especiarias doces. »

AD 90 Gómez Cruzado Crianza 2016

TINTO | RIOJA | **$$$**

Tinto composto de 80% Tempranillo e 20% Garnacha, com estágio de 12 meses em barricas de carvalho, majoritariamente, americano. Frutado, mostra cerejas e framboesas seguidas de notas florais, de ervas e de especiarias doces, que se confirmam na boca. De corpo médio, tem refrescante acidez, taninos granulados e final também médio, com toques terrosos e de groselhas. Cativante, difícil vai ser ficar na primeira taça.

GRAN FEUDO

Região:
Navarra
Enólogo:
Javier Garbayo
Site: granfeudo.com/
Enoturismo: Sim
Importadora: Mistral

Gran Feudo foi construída, em 1872, por Claudio Chivite, em Cintruénigo, no coração da DO Navarra. Sua produção provém de vinhas cultivadas com Tempranillo, Garnacha, Cabernet Sauvignon, Merlot, Chardonnay e Moscatel de Grano Menudo, com idade média de 30 anos. Em 2017, a propriedade foi comprada pelo grupo Perelada, uma das maiores empresas vinícolas da Espanha.

AD 91 Gran Feudo Crianza 2016

TINTO | NAVARRA | **$$$**

Cheio de vivacidade e muito fluido, mostra notas florais, de ervas secas e de especiarias doces envolvendo sua fruta de perfil mais fresco, lembrando amoras e groselhas, tudo sustentado por vibrante acidez, taninos firmes e finos e final cativante e persistente, com toques terrosos, de canela e de cerejas. Uma ótima edição desse tinto.

GRANJA REMELLURI

Região:
Rioja
Enólogo:
Telmo Rodríguez
Site: www.remelluri.com/
Enoturismo: Não
Importadora: Mistral

Fundada em 1967, Granja Remelluri pertence ao conceituado enólogo Telmo Rodríguez. A propriedade, situada em Labastida, na sub-região de Rioja Alavesa, possui 154 hectares, dos quais 105 são plantados com vinhas, todas certificadas orgânicas desde 2013.

AD 94 | **Remelluri Reserva 2012**

TINTO | RIOJA | **$$$$$**

Impressiona pelo equilíbrio e elegância do conjunto. A madeira está bem integrada, agregando complexidade ao conjunto e notas especiadas a sua fruta vermelha, que é nítida e fresca. Tenso e persistente, tem ótima acidez, taninos de grãos finos e final cativante, com toques terrosos, de ervas secas e de cerejas. »

AD 93

Lindes de Remelluri 2015

TINTO RIOJA $$$$

Vibrante e frutado, mostra ameixas e cerejas acompanhadas de notas especiadas, de ervas e de tabaco, que se confirmam na boca. Potente, tem acidez refrescante, taninos finos e firmes e final suculento e persistente, com toques terrosos. Impressiona pela fluidez do conjunto e pela nitidez de fruta, pedindo a companhia de carnes vermelhas escoltadas por cogumelos.

HAMMEKEN CELLARS

Regiões:
Castilla-La Mancha e Alicante
Enólogo:
Marcelo Morales
Site: hammekencellars.com
Enoturismo: Não
Importadora: Domno

Hammeken Cellars (anteriormente Vinnico Exports) foi fundada em 1996 por Nicholas Hammeken. Em 2001, lançou sua primeira marca própria, Montgó, e, pouco tempo depois, ampliou seu portfólio com as marcas Gotas de Mar, Pasas, Allegranza, Manos Libre, El Paso del Lazo, Creencia e Piquitos, entre outras. Presente em mais de 30 países, Hammeken é hoje uma das empresas vitivinícolas líderes na exportação de vinho espanhol.

AD 91 Manos Libre Organic Tempranillo 2018

TINTO | TIERRA DE CASTILLA | $$$

Bem feito no estilo de frutas vermelhas e negras mais maduras. Tem acidez na medida e taninos firmes e tensos, que conferem fluidez e equilíbrio ao conjunto.Tem final carnudo, com toques terrosos, de ameixas e de especiarias doces.

AD 90 Allegranza White 2018

BRANCO | TIERRA DE CASTILLA | $$$

Mostra perfil de frutas brancas e de caroço mais maduras, mas bem equilibradas por sua acidez refrescante e sua textura cremosa. Tem final médio/longo, com toques florais e de ervas, que pedem uma segunda taça, de preferência na companhia de peixes brancos grelhados.

AD 89 Allegranza Tempranillo 2018

TINTO | TIERRA DE CASTILLA | $$$

Apresenta notas terrosas, especiadas e florais envolvendo sua fruta lembrando ameixas e amoras. Opulento, tem boa acidez e taninos firmes, que trazem certo equilíbrio ao seu perfil de maior madurez. Para aqueles que gostam de chocolate ao leite.

AD 89 El Paso del Lazo Tempranillo Shiraz 2018

TINTO | TIERRA DE CASTILLA | $$

Tinto elaborado a partir de Tempranillo e de Syrah, com breve passagem por barricas de carvalho. Mostra ameixas e amoras escoltadas por notas florais, de ervas e de especiarias doces, que se con- »

firmam na boca. De corpo médio, tem refrescante acidez, taninos aveludados e final saboroso, com toques terrosos e de cerejas.

AD 89

El Paso del Lazo Verdejo Viura 2018

BRANCO	TIERRA DE CASTILLA	$$

Gostoso de beber e fácil de entender, mostra frutas brancas seguidas de notas florais e de ervas. No palato, tem corpo médio, textura cremosa e final agradável, com toques salinos e cítricos.

HIDALGO

Região:
Jerez
Enólogo:
Fermín Hidalgo
Site: bodegashidalgolagitana.com
Enoturismo: Sim
Importadora: Mistral

Instituída em 1792, por José Pantaleón, Hidalgo é uma das mais tradicionais vinícolas espanholas, hoje administrada pela oitava geração do fundador em linha direta. A propriedade, localizada em Cádiz, na região de Andaluzia, detém 200 hectares de vinhedos. Destaca-se em seu portfólio o "La Gitana Manzanilla", ícone da bodega, provavelmente o mais conhecido da Espanha e de todo o mundo.

AD 92

La Gitana Manzanilla

FORTIFICADO	JEREZ	$$$$

Um clássico em plena forma, mostra frutas brancas e cítricas acompanhadas de típicas notas salinas e de frutos secos, tudo equilibrado por acidez refrescante, textura cremosa e final cativante, refinado e seco, confirmando o nariz e pedindo a companhia de jamón ibérico. Difícil é ficar só na primeira taça.

JULIÁN CHIVITE

Região:
Navarra
Enólogo:
César Muñoz
Site: chivite.com
Enoturismo: Não
Importadora: Mistral

Julián Chivite, fundada em 1647, em Navarra, é uma das mais antigas vinícolas espanholas. Em 2017, o grupo Perelada, proprietários de alguns dos mais conceituados produtores de vinho da Espanha, adquiriu o grupo Chivite, composto pela vinícola de mesmo nome, pela Bodegas Gran Feudo e pela Viña Salceda.

AD 93

Chivite Colección 125 Blanco Fermentado en Barrica 2016

BRANCO NAVARRA $$$$$

Tenso e refinado, mostra frutas brancas e tropicas de perfil mais fresco, seguidas de notas florais, de ervas e de especiarias doces. Mas, é na boca que merece atenção, com sua textura firme e cremosa, sua acidez vibrante e seu final longo e cheio, com toques salinos, amanteigados, cítricos, de abacaxi e de frutos secos. »

AD 93 — Chivite Las Fincas Rosado 2019

ROSÉ | NAVARRA | $$$$

Não se engane com ele, é muito mais que um rosé fresco e leve para o aperitivo. Por trás de sua fruta exuberante e nítida, há muita estrutura, firme textura e vibrante acidez para ampará-la, conferindo profundidade e tensão ao conjunto. Tem final cativante e persistente, com toques salinos, cítricos, de ervas e de cerejas.

AD 92 — Legardeta Finca de Villatuerta Chardonnay 2017

BRANCO | NAVARRA | $$$$

Vibrante e cremoso, mostra frutas brancas e tropicais escoltadas por notas florais, de ervas frescas, de frutos secos e de especiarias doces, que aparecem tanto no nariz quanto na boca. Impressiona pela acidez elétrica, pelo ótimo volume de boca e pelo final cheio e longo, com toques cítricos, amanteigados e de mãmão.

AD 91 — Legardeta Finca de Villatuerta Syrah 2015

TINTO | NAVARRA | $$$$

Carnudo e opulento, mostra ameixas e amoras seguidas de notas florais, de ervas e de especiarias picantes. Tem boa acidez e taninos firmes e aveludados, que trazem certo equilíbrio ao conjunto e ao seu perfil de maior madurez de fruta.

L'INFERNAL

Região:
Priorato
Enólogos:
Lucas Chazallet e Léo Cuisinier
Site: www.linfernal.es
Enoturismo: Não
Importadora: World Wine

Criada em 2002, L'infernal é um projeto dos vinicultores franceses Laurent Combier, Peter Fischer e Jean Michel Gerin, chamados por alguns amigos de "trio infernal". As primeiras safras provinham de vinhas arrendadas e eram vinificadas numa pequena adega. Hoje, toda a produção vem de seus 8 hectares próprios, realizada em sua adega recém-construída, em Torroja del Priorat (na Catalunha).

AD 94

L'infernal Riu 2015

TINTO | PRIORATO | **$$$$**

Mostra notas terrosas, de ervas e de especiarias doces envolvendo sua fruta, lembrando ameixas e amoras. Ainda está jovem, mas já mostra a que veio, com seus taninos firmes e tensos, sua acidez refrescante e seu final estruturado e longo, confirmando o nariz. Uma interpretação mais fluida, mais nítida, mais fresca e de perfil mais gastronômico do Priorato.

LÓPEZ DE HEREDIA

Região:**Rioja**
Enólogo:
María José López de Heredia
Site: www.lopezdeheredia.com/indexgb.html
Enoturismo: Não
Importadora: Mistral

Fundada por Don Rafael López de Heredia y Landeta em 1877, López de Heredia é uma das mais tradicionais vinícolas de Rioja. Além de Viña Tondonia, um vinhedo com mais de 100 hectares, situado na margem direita do rio Ebro, a propriedade possui mais três, também implantados na região de Rioja Alta, "Viña Cubillo", "Viña Bosconia" e "Viña Zaconia". A empresa destaca-se como uma das poucas bodegas familiares regulamentadas pela DOCa (Denominación de Origen Calificada Rioja).

AD 96 | Viña Tondonia Reserva Tinto 2007

TINTO RIOJA $$$$$

Uma safra muito boa como a de 2007 mostra sua face nesse tinto, que esbanja equilíbrio e elegância. Depois de permanecer 6 anos em madeira e mais 2 anos em garrafa antes de ser lançado, ainda está jovem e cheio de fruta. Chama atenção pelos taninos tensos e finos, pela vibrante acidez e pelo final longo, persistente e complexo, com toques terrosos, de ervas secas, de couro, de tabaco e de especiarias doces.

AD 94 — Viña Bosconia Reserva 2008

TINTO | RIOJA | **$$$$$**

Cativante, amável e muito gostoso de beber, tem taninos finíssimos e acidez vibrante, que aportam tensão ao conjunto e a toda sua fruta vermelha madura. Os mais de 5 anos em carvalho trazem complexidade aromática e finesse ao palato, num tinto profundo e persistente, que com o tempo na taça vai mostrando mais e mais camadas.

AD 93 — Viña Cubillo Crianza 2011

TINTO | RIOJA | **$$$$**

No melhor estilo velha escola da casa, esse Crianza que poderia ser classificado como Gran Reserva, tem um perfil mais jovial e frutado quando comparado aos outros tintos de López de Heredia. Sua acidez pulsante e seus taninos firmes e de grãos finos ditam as regras, conferindo tensão ao conjunto e equilíbrio a sua fruta vermelha madura.

LOXAREL

Região:
Penedès
Enólogos:
Josep Mitjans e Pep Giralt
Site: www.loxarel.com/es/
Enoturismo: Sim
Importadora: Belle Cave

Vindo de uma família de quatro gerações ligadas ao mundo do vinho, Josep Mitjans, em 1985, estudou enologia e assumiu o »

desafio de gerir a conversão da vinícola familiar (hoje em condução biodinâmica). Em 1987, ele registrou a marca Loxarel (uma referência à variedade símbolo da propriedade), e dois anos depois, Teresa Nin juntou-se ao projeto para conduzir a gestão administrativa e comercial da marca. Em 2012, a empresa introduziu métodos ancestrais de vinificação em ânforas de barro e, no ano seguinte, lançou o primeiro vinho a passar pelo recipiente, o Xarello 2013, que foi macerado em ânforas de 720 litros. Mitjans e Pep Giralt são os responsáveis técnicos.

AD 93

Loxarel Fermentat en Àmfores Xarel-lo 2019

BRANCO | PENEDÈS | **$$$**

Mostra notas florais e de ervas envolvendo sua fruta branca e de caroço. No palato, chama atenção pela textura firme e cremosa, pela ótima acidez, pelo volume de boca e pelo final longo e cheio, com toques salinos, cítricos, terrosos e de ervas frescas.

AD 92

Loxarel Vintage Reserva Brut Nature 2015

ESPUMANTE | PENEDÈS | **$$$**

Austero e sem nenhuma concessão ao dulçor, mostra frutas brancas e cítricas envoltas por notas florais, de ervas, de padaria e de frutos secos, tudo sustentado por textura firme e cremosa e acidez vibrante. Tem final tenso e persistente, com toques salinos e de limão tahiti.

AD 91

Loxarel Cora 2019

BRANCO | PENEDÈS | $$$

Branco composto a partir de uvas 75% Moscatel de Alexandria, 25% Xarel-lo, cultivadas segundo os preceitos da biodinâmica, sem passagem por madeira. Sedutor nos aromas, mostra pêssegos e maçãs escoltados por notas florais, de ervas e de frutos secos, que se confirmam no palato, tudo equilibrado por vibrante acidez e textura firme e cremosa. Surpreende pelo final tenso e persistente, com toques salinos e cítricos.

LUZÓN

Região:
Jumilla
Enólogo:
Joaquín Gálvez Bauzá
Site: www.bodegasluzon.com
Enoturismo: Sim
Importadora: Mistral

Estabelecida em 1916, Bodegas Luzón é uma das maiores referências na região de Jumilla. A vinícola administra cerca de 1.200 hectares de vinhedos, plantados com as tintas Monastrell (uva símbolo da propriedade), Alicante, Syrah, Cabernet Sauvignon e Petit Verdot e as brancas Macabeo e Chardonnay. O enólogo é o talentoso Joaquín Gálvez Bauzá.

>>

AD 91

Luzón Crianza Selección 12 Meses 2014

TINTO | JUMILLA | **$$$$**

Tinto composto de 60% Monastrell e 40% Cabernet Sauvigon, com estágio de 12 meses em barris de carvalho francês. Direto e acessível, mostra frutas vermelhas e negras acompanhadas de notas terrosas, de ervas, de especiarias e de couro, que se confirmam na boca. Chama atenção pela profundidade, volume de boca e taninos de ótima textura, pedindo mais uma taça.

AD 89

Alaja Cosecha Tinto 2018

TINTO | JUMILLA | **$$**

Tinto elaborado exclusivamente a partir de Monastrell, sem passagem por madeira. Acessível e gostoso de beber, apresenta ameixas e amoras envoltas por notas herbáceas, especiadas e terrosas. No palato, é frutado e de médio corpo, tem boa acidez, taninos macios e final sedutor, que pede a companhia de pizzas em geral.

MARAÑONES

Região:
Madrid
Enólogos:
Fernando García Alonso e Álvar de Dios Hernández
Site: www.bodegamaranones.com
Enoturismo: Sim
Importadora: World Wine

Localizada em San Martín de Valdeiglesias, a 70 Km da capital, Marañones detém cerca de 25 hectares de vinhas, cultivadas seguindo os princípios da agricultura orgânica. A bodega é administrada por Fernando Cornejo e conta com a assessoria enológica dos talentosos Fernando García e Álvar de Dios.

AD 95 Marañones Peña Caballera 2017

TINTO | MADRID | **$$$$$**

Tinto 100% Garnacha advindas de um vinhedo de 1,5 hectare de mais de 50 anos, plantado em solos graníticos e fermentado totalmente com cachos inteiros. Aqui a variedade é mostrada de modo austero, sem nenhuma concessão ao dulçor de fruta. Pura força, tem acidez vibrante e taninos tensos e firmes, que trazem profundidade e fluidez ao vinho. Nítido e preciso, tem final vertical, com toques salinos, terrosos, de cerejas e de ervas.

AD 93 Marañones Darío 2016

TINTO | MADRID | **$$$$**

Elaborado a partir da pouco conhecida casta local Morate, também chamada de Morenillo. Nítido nos aromas, mostra cerejas e framboesas seguidas de notas florais, de ervas e de especiarias. Chama atenção pelos taninos de grãos finos, pela vibrante acidez e pelo final persistente, com toques terrosos, herbáceos e de frutos vermelhos.

AD 93 Marañones Picarana 2018

BRANCO | MADRID | **$$$$**

Branco produzido exclusivamente a partir de Albillo Real, com estágio de 10 meses em barricas de carvalho francês. Apresenta boa intensidade aromática, exibindo frutas brancas e cítricas, delicado floral e ervas. Untuoso e tenso, tem deliciosa fruta, acidez refrescante, textura cremosa e final cheio e persistente, com toques salinos e de camomila. »

AD 93

Marañones Tinto 2016

TINTO MADRID $$$$

Tinto elaborado exclusivamente a partir de Garnacha, com estágio de 12 meses em barris de carvalho francês de 500 litros. Tenso e vibrante, mostra cerejas e framboesas maduras seguidas de notas terrosas, florais e de ervas, que se confirmam no palato. Vertical, tem taninos granulados, acidez refrescante e final persistente e suculento, confirmando o nariz.

AD 92

Marañones 30.000 Maravedíes 2016

TINTO MADRID $$$

Corte tinto composto de 90% Garnacha e 10% de outras variedades locais, com amadurecimento em foudres de carvalho. Em um estilo mais austero, mostra frutas vermelhas maduras, floral e notas balsâmicas. Saboroso no palato, tem acidez vibrante, taninos finos e de boa textura e final longo e profundo.

MARQUÉS DE MURRIETA

Regiões:
Rioja e Rías Baixas
Enóloga:
María Vargas
Site: www.marquesdemurrieta.com
Enoturismo: Sim
Importadora: World Wine

Fundada em 1852 por Luciano Murrieta, Marqués de Murrieta foi a primeira propriedade de Rioja a exportar seus vinhos. Após viajar para Bordeaux para aprender técnicas de vinificação, que incorporou mais tarde na Espanha, Luciano estabeleceu o conceito de "Château"" na Bodega Ygay, onde construiu o notável castelo Ygay. Em 1983, o décimo conde de Creixell, Vicente Cebrián Sagarriga adquiriu a vinícola e, após seu falecimento, em 1996, seus filhos, Vicente D. Cebrián-Sagarriga (atual conde de Creixel) e Cristina Cebrián-Sagarriga assumiram a gestão da propriedade. Além de Murrieta, com 300 hectares de vinhedos, a família possui a Bodega Pazo de Barrantes, situada na D.O. Rías Baixas, com 12 hectares de Albariño.

AD 97

Castillo Ygay Gran Reserva Especial 2010

TINTO | RIOJA | **$$$$$**

Polido, preciso e muito nítido, chama atenção pela qualidade de fruta vermelha seguida de notas florais, terrosas, de tabaco e de couro, que se confirmam no palato. Mas, é na boca que diz a que veio, com seus taninos tensos e de grãos finíssimos, sua acidez vibrante e seu final longo e persistente, com toques de cerejas, de alcaçuz e de grafite. Entre os melhores, senão o melhor Ygay já produzido nas últimas décadas e que justifica a fama dessa safra excepcional em Rioja. Está excelente agora, mas recompensará os pacientes, pelo menos, nos próximos 30 anos.

AD 94

Marqués de Murrieta Gran Reserva Limited Edition 2011

TINTO | RIOJA | **$$$$$**

Ainda muito jovem, mesmo com quase 10 anos de garrafa. Mostra notas florais, de tabaco, de couro e de especiarias escoltando sua fruta lembrando cereja e framboesas maduras. Chama atenção pela ótima acidez e pelos taninos arenosos e tensos, que conferem profundidade e fluidez ao vinho. Tem final longo e carnudo, com toques terrosos e de tabaco. Paciência com ele na taça, para que mostre a que veio.

»

AD 93 — Dalmau 2014

TINTO RIOJA **$$$$$**

Muito bem feito no estilo de maior concentração, madurez de fruta e opulência, com boa acidez e taninos firmes e de ótima textura trazendo certo equilíbrio ao conjunto e ao aporte de madeira. Tem final cheio e persistente, com toques de ameixas em calda, de couro e de especiarias doces.

AD 93 — Marqués de Murrieta Reserva 2016

TINTO RIOJA **$$$$**

Um Rioja de carteirinha, com as notas terrosas, de ervas, de tabaco e de especiarias doces envolvendo sua fruta vermelha de perfil mais fresco, tudo sustentado por taninos de ótima textura, refrescante acidez e final suculento e persistente. Ainda está jovem e deve ficar ainda melhor nos próximos 10 anos.

AD 93 — Pazo Barrantes Albariño 2018

BRANCO RÍAS BAIXAS **$$$$**

Tenso e fresco, mostra frutas brancas e de caroço seguidas de notas florais, amanteigadas, de ervas e de especiarias doces, que aparecem tanto no nariz quanto na boca. Refinado e muito preciso, tem acidez refrescante, textura firme e cremosa e final persistente, com toques salinos, cítricos e de frutos secos. Um ótima edição desse branco.

MARQUÉS DE TOMARES

Região: **Rioja**
Enólogos: **Isaac Fernández Montaña**
Enoturismo: Sim
Site: www.marquesdetomares.com
Importadora: Casa Flora/Porto a Porto

Marqués de Tomares é um dos mais tradicionais produtores da Espanha. Desde o início do século XX, a família Montaña produz vinhos em Fuenmayor, Rioja. Hoje, a empresa integra o grupo Premium Fincas, proprietários também de Nuestro (em Fuentelcèsped, Ribera del Duero) e Chan de Rosas (na DO Rías Baixas).

AD 93

Montaña Graciano 2012

TINTO RIOJA **$$$$**

O tempo de garrafa fez bem a esse tinto, que ainda se mostra vivo e cheio de fruta, com taninos finos e aveludados e acidez refrescante. Fluido, gastrônomico e muito gostoso de beber, tem final persistente e balanceado, com toques terrosos, de cerejas e de especiarias doces, que pedem a companhia de carnes vermelhas assadas lentamente.

MAS D'EN GIL

Região:
Priorato
Enóloga:
Marta Rovira
Site: masdengil.com/es/
Enoturismo: Sim
Importadora: Belle Cave

Mas d'en Gil fica em Bellmunt del Priorat, em Tarragona, e foi fundada em 1867 pelo enólogo e empresário Francesc Gil. Em 1931, a família Barril assumiu a vinícola e mudou a marca para Masia Barrill. Em 1998, a propriedade foi adquirida pela família Rovira Carbonell, que restaurou o nome original. Hoje, a empresa é administrada por Marta Rovira (que iniciou a conversão dos vinhedos para ecológicos e biodinâmicos), com o apoio de seu pai, Pere Rovira, e sua irmã, Pilar.

AD 92 | **Bellmunt Vi de Villa 2015**

TINTO | PRIORATO | **$$$$**

Mostra notas florais, de ervas, de tabaco e de especiarias doces envolvendo sua fruta vermelha e negra. Potente, tem acidez refrescante e taninos firmes e de grãos finos, que trazem sustentação ao seu perfil de maior madurez, conferindo fluidez ao vinho. Tem final cheio e persistente, com toques terrosos e de cerejas.

MGWINES

Regiões: **Alicante e Bierzo**
Enólogos: **Raúl Pérez (Estefanía) e José Ramón Yago (Sierra Salinas)**
Site: www.mgwinesgroup.com
Enoturismo: Sim
Importadora: World Wine

MGWines é um grupo vinícola espanhol composto por seis propriedades: Lavia, Sierra Salinas, Estefanía, Monóvar, Casa Corredor e Venta la Vega. O portfólio da empresa abarca vinhos produzidos nas denominações de origem "Alicante", "Bullas", "Almansa" e "Bierzo". Hoje, administrado por Luis Miñano San Valero, o grupo conta com uma reputada equipe de enólogos, como Raúl Pérez (responsável pelos vinhos da Bodegas Estefanía) e José Ramón Yago (da Bodegas Sierra Salinas), entre outros.

AD 92

Puerto Salinas 2012

TINTO ALICANTE **$$$**

Tinto composto de 70% Monastrell, 15% Garnacha, 10% Cabernet Sauvignon e 5% Petit Verdot, com estágio de 12 meses em barricas de carvalho francês. Muito bem feito nesse estilo mais potente e untuoso, em que as frutas vermelhas e negras maduras ditam as regras, mas muito bem equilibradas por refrescante acidez e por taninos firmes e de grãos finos. Tem final suculento e carnudo, com toques balsâmicos, terrosos, de tabaco e de especiarias doces. Para o carré de cordeiro. »

AD 91 | **Tilenus Vendimia Tinto 2018**

TINTO BIERZO $$$

Contando com a assessoria do reputado enólogo espanhol Raúl Pérez, elaboram esse tinto exclusivamente a partir de Mencia, sem passagem por madeira. Mostra ameixas e amoras acompanhadas de notas florais, defumadas e de ervas, que se confirmam na boca. No palato, chama atenção pelos taninos de firme textura e pela acidez vibrante, que trazem tensão ao conjunto e equilibram toda sua fruta. A fermentação com os engaços tem papel fundamental para aportar profundidade, meio de boca e frescor.

AD 89 | **Sierra Salinas MO Monastrell 2016**

TINTO ALICANTE $$$

Corte tinto composto de Monastrell, Cabernet Sauvignon e Alicante Bouschet, com estágio de 4 meses em barricas de carvalho francês. Exibe frutas negras, empireumático, especiarias doces e ervas, que se confirmam no palato. De perfil gastronômico e gostoso de beber, tem acidez pronunciada, taninos firmes e de boa textura e final médio, com notas de ameixas e de cacau.

MICHELINI I MUFATTO & GONZÁLEZ

Região:**Bierzo**
Enólogos: **Gerardo Michelini, Andrea Mufatto e Manuel Michelini**
Site: www.instagram.com/mimbierzo/
Enoturismo: Não
Importadora: Wine & Co.

Iniciado em 2015, Michelini i Mufatto & González é um projeto dos renomados produtores argentinos Gerardo Michelini e Andrea Mufatto, do enólogo Manuel Michelini (filho de Gerardo e Andrea) e do viticultor espanhol Javier González. Com a ajuda de Raúl Pérez, um dos enólogos mais prestigiados da Espanha, encontraram algumas zonas de Ponferrada, em Bierzo. Em seis anos de projeto, a propriedade tem se destacado no cenário dos vinhos espanhóis, com grandes rótulos em seu portfólio, como, por exemplo, "Post Crucifixión", cujas uvas provêm de uma micro parcela pré-filoxérica, resgatada pela família com práticas orgânicas e biodinâmicas.

AD 97

Post Crucifixión 2018

TINTO | BIERZO | **$$$$$**

Aqui os vinhedos quase seculares e a vinificação minimamente intervencionista fazem toda diferença. Sutil e ao mesmo tempo cheio de força, tem a tenacidade que só os grandes vinhos alcançam. Tem a virtude de ser extremamente frutado, mas também austero, de ser acessível, mas também introspectivo, de ser direto, mas também profundo e de ser aparentemente simples, mas, ao mesmo tempo, ser muito complexo. Vertical e muito persistente, tem taninos finíssimos e de textura lembrando giz, acidez vibrante e final nítido e preciso, com toques florais e de cerejas.

>>

AD 95

El Rapolao 2018

TINTO | BIERZO | **$$$$$**

Preciso, fluido e muito gostoso de beber, mostra notas florais, especiadas, de carne crua e de ervas, que envolvem sua fruta vermelha. Mas, é na boca que merece atenção, com sua refrescante acidez, seus taninos tensos e de grãos finos e seu final vertical e profundo, com toques terrosos, de alcaçuz e de morangos. Ainda está jovem e deve ficar ainda melhor em 10 anos.

AD 95

Encrucijada 2018

TINTO | BIERZO | **$$$$$**

No início estava um pouco fechado, mas depois foi abrindo para mostrar notas florais, terrosas, de ervas secas e de especiarias doces envolvendo sua fruta vermelha lembrando cerejas e groselhas. Tenso e intenso, tem acidez elétrica, taninos firmes e arenosos e final vertical e persistente, com toques sanguíneos. Força é a palavra de ordem aqui, num tinto vibrante, que ainda está muito jovem e deverá ficar ainda melhor nos próximos 15 anos.

AD 94

A Merced 2018

TINTO | BIERZO | **$$$$**

Austero e deliciosamente selvagem, impressiona pelos taninos tensos e arenosos e pela acidez elétrica, que envolvem sua fruta, lembrando romã e cerejas. Tem final longo, com toques salinos, de lavanda e de especiarias doces. Paciência com ele na taça para que mostre todas as suas camadas. Para os miúdos na brasa.

AD 92

En El Camino 2019

TINTO | BIERZO | **$$$$**

Uma boa porta de entrada para os vinhos de Gerardo Michelini e Andrea Mufatto. Frutado e exuberante, aqui as frutas vermelhas e negras reinam, seguidas de notas terrosas, florais e de ervas, com seus taninos arenosos e sua ótima acidez trazendo fluidez e equilíbrio ao vinho.

MUGA

Região:
Rioja
Enólogo:
Isaac Muga
Site: www.bodegasmuga.com
Enoturismo: Sim
Importadora: Épice

Situada em uma região com mais de 500 metros de altitude, nos montes Obarenses, a Bodegas Muga – protegida das chuvas e ventos vindos do oceano Atlântico pela serra da Cantábria, o que lhe rende clima e solo invejáveis – possui muros que lembram fortalezas da Idade Média. A bodega está em uma área de 25 mil metros quadrados, englobada pelo bairro de La Estación, nas margens do rio Ebro, no município de Haro, em La Rioja – principal região produtora espanhola. Estima-se que o cultivo de vinhos no vale do Ebro date exatamente do período da Idade Média. A produção, que foi crescente desde aquela época, calhou na construção de "bairros vinícolas", como é o La Estación. Mais tarde, em 1880, com a construção de uma linha ferroviária que » passava pelo local, muitas bodegas foram se assentando na região e nessa época, mais precisamente em 1932, Muga foi fundada. A propriedade possui aproximadamente 250 hectares próprios e controla cerca de 150 hectares de vinhedos de viticultores da região. As uvas cultivadas são as tintas Tempranillo, Garnacha, Mazuelo e Graciano e as brancas Viura e Malvasia.

AD 92

Muga Branco 2019

BRANCO | RIOJA | $$$

Mostra frutas brancas e de caroço maduras seguidas de notas florais, de ervas e de especiarias doces. Tenso e muito gostoso de beber, tem acidez refrescante, textura firme e cremosa e final cheio e persistente, com toques amanteigados, salinos, cítricos e de camomila.

AD 92

Muga Reserva 2016

TINTO | RIOJA | $$$$

Potente e ainda jovem, mostra ameixas e amoras envoltas por notas florais, terrosas, de tabaco, de especiarias doces e de couro, que se confirmam na boca. De perfil de fruta mais madura, tem taninos firmes e refrescante acidez, que trazem certo equilíbrio ao conjunto e maior fluidez ao vinho.

MURIEL WINES

Regiões:
Castilla-La Mancha, Castilla y León, Campo de Borja; Rías Baixas e Rioja
Enólogo:
Javier Murua
Site: murielwines.com
Enoturismo: Sim
Importadora: Winebrands

A história de Muriel data de 1926, quando a primeira bodega foi fundada por José Murúa Villaverde para comercializar vinhos a granel entre negociantes do norte da Espanha. Após um período desativada, em 1986, Julián Murúa, filho de José, decide retomar a atividade vinícola e cria a Bodegas Muriel, em Elciego (Rioja). A companhia, atualmente, abrange outras cinco marcas (Bodegas Eguía, Conde de los Andes, Marqués de Elciego, Real Compañía de Vinos e Pazo Cilleiro) e é uma das empresas vinícolas mais importantes da Espanha.

AD 93 | **Viña Muriel Reserva Blanco 2013**

BRANCO | RIOJA | **$$$$**

Complexo, mostra frutas tropicais e de caroço acompanhadas de notas florais, amanteigadas, de ervas secas e de especiarias doces. Mas, é na boca que merece atenção, com sua acidez vibrante, sua textura firme e cremosa e seu final longo, com toques de abacaxi, de camomila e de frutos secos. Preciso e refinado, está ótimo agora e deve continuar assim, ou melhorar, pelos próximos 10 anos. A Viura em sua melhor forma. »

AD 92 — Viña Muriel Reserva Tinto 2014

TINTO | RIOJA | $$$$

Ainda jovem, mesmo sendo um 2014, mostra frutas vermelhas e negras, maduras no ponto certo, seguidas de notas florais, de ervas, de tabaco e de especiarias. Estruturado, tem taninos tensos e firmes, vibrante acidez e final longo e cheio, com toques terrosos, tostados e de ameixas. A madeira, por enquanto, aparece mais do que deveria, mas nada que alguns anos a mais de garrafa não resolvam.

AD 91 — Pazo Cilleiro Albariño 2017

BRANCO | RÍAS BAIXAS | $$$

Branco elaborado exclusivamente a partir de uvas Albariño, cultivadas no vale do Salnés, no coração de Rías Baixas, sem passagem por madeira, mas mantido em tanques com suas lias por, pelo menos, 3 meses antes de ser engarrafado. Mostra frutas brancas e de caroço seguidas de notas florais, de ervas e de frutos secos. No palato, tem ótimo volume de boca, textura cremosa, vibrante acidez e final persistente, com toques salinos e de limão siciliano.

AD 91 — Viña Eguía Blanco 2018

BRANCO | RIOJA | $$$

Grata surpresa. Mostra frutas brancas e de caroço seguidas de notas florais e de ervas, que aparecem tanto no nariz quanto na boca. Tenso e vibrante, tem acidez refrescante, textura firme e final agradável e persistente, com toques cítricos e salinos.

AD 90 — Real Compañia de Vinos Aged in Oak Barrels Tempranillo 2018

TINTO | CASTILLA-LA MANCHA | $$

Mostra ameixas e amoras acompanhadas por notas florais, defumadas, de ervas e de especiarias doces, que se confirmam no palato. De corpo médio, fluido e gostoso de beber, tem acidez na medida, taninos aveludados e final também médio, com toques terrosos e de cerejas.

AD 90 — Real Compañia de Vinos Folklore Spanish Blend Organic 2019

TINTO | CASTILLA Y LEÓN | $$

Puro suco de framboesas e de amoras sustentado por refrescante acidez e por taninos firmes e de fina textura. Fluido, nítido e muito gostoso de beber, tem final cativante, com toques terrosos, florais, de ervas e de especiarias doces. Aqui menos é muito mais.

AD 90 — Real Compañia de Vinos Spanish Blend Blanco 2017

BRANCO | CASTILLA Y LEÓN | $$

Mostra frutas brancas e de caroço maduras seguidas de notas florais e de ervas, tudo equilibrado por textura firme e cremosa e vibrante acidez. Tem final médio, com toques cítricos, salinos e de pêssegos. »

AD 90

Viña Eguía Tempranillo 2018

TINTO | RIOJA | $$$

Tinto elaborado exclusivamente a partir de Tempranillo, com estágio de 4 meses em barricas de carvalho americano. Frutado, acessível e gostoso de beber, mostra cerejas e groselhas acompanhadas de notas terrosas, de ervas e de flores, tanto no nariz quanto na boca. De corpo médio, tem acidez refrescante, taninos de boa textura e final agradável e cativante, que convida a mais um gole.

AD 89

Real Compañia de Vinos Blanco 2018

BRANCO | CASTILLA-LA MANCHA | $$

Branco elaborado exclusivamente a partir de Macabeo (Viura), sem passagem por madeira. Mostra frutas brancas e tropicais seguidas de notas florais e de ervas, que se confirmam na boca. Refrescante e gostoso de beber, tem bom corpo médio, bom volume, ótima acidez e final com toques salinos e cítricos, pedindo a companhia de peixes brancos em geral.

AD 89

Real Compañia de Vinos Garnacha 2017

TINTO | CAMPO DE BORJA | $$

Tinto elaborado exclusivamente a partir de uvas Garnacha advindas de Campo de Borba, sem passagem por madeira. Mostra ameixas e amoras maduras seguidas de notas florais, herbáceas e de especiarias doces, que se confirmam na boca. Super frutado e cativante, tem taninos finos e redondos, acidez refrescante e final médio, com toques terrosos e de cerejas.

AD 89

Real Compañia de Vinos Rosado 2019

ROSÉ | CASTILLA-LA MANCHA | $$

Bem feito no estilo mais estruturado e gastronômico. Mostra frutas vermelhas e brancas maduras equilibradas por vibrante acidez e textura firme e cremosa. Tem final suculento, com toques de morangos, groselhas e de especiarias doces. Para a tábua de embutidos.

AD 89

Real Compañia de Vinos Tempranillo 2018

TINTO | CASTILLA-LA MANCHA | $$

De boa tipicidade, mostra notas terrosas, especiadas, florais e de ervas escoltando toda sua fruta vermelha. No palato, tem ótima acidez, taninos firmes e de boa textura e final agradável, com toques de cerejas. Fluido e gostoso de beber, pede a companhia de carnes vermelhas menos gordurosas.

AD 89

Real Compañia de Vinos Verdejo 2018

BRANCO | CASTILLA-LA MANCHA | $$

Mostra frutas brancas e de caroço de perfil mais maduro seguidas de notas de ervas, de flores e de frutos secos, tudo equiilibrado por acidez refrescante e textura firme e cremosa. Tem final médio/ longo, com toques salinos e cítricos, que convidam a uma segunda taça.

NEXUS

Região:
Ribera del Duero
Enólogo:
Juan Martín Hinojal
Site: www.bodegasnexus.com/es/
Enoturismo: Sim
Importadora: Domno

Nexus é o projeto de Bodegas Frontaura, de Toro, em Ribera del Duero. A vinícola de 4.700 metros quadrados tem capacidade de processar cerca de 300 mil quilos de uvas. São 40 hectares dedicados à Tempranillo (chamada localmente de Tinto Fino ou Tinto del Pais).

AD 92

Nexus Crianza 2015

TINTO | RIBERA DEL DUERO | **$$$$**

100% Tempranillo, com estágio de 12 meses em barricas de carvalho francês. De boa complexidade, mostra notas de frutas vermelhas maduras, de especiarias doces, empireumáticas, ervas e terrosas. Chama atenção pelo equilíbrio do conjunto, tem acidez refrescante, taninos finos e de ótima textura e final longo, com toques de ameixas e de alcaçuz.

AD 91

Nexus One 2018

TINTO | RIBERA DEL DUERO | **$$$**

Opulento e estruturado, tem taninos tensos e marcantes, que trazem equilíbrio ao seu perfil de maior madurez, tudo envolto por boa acidez e muita fruta lembrando ameixas e cerejas. Tem final carnudo, com toques terrosos e de especiarias doces.

AD 90 Tierras Guindas Tempranillo 2018

TINTO RIBERA DEL DUERO $$

Cheio de frutas vermelhas e negras acompanhadas de notas florais, de ervas e de especiarias doces, que aparecem tanto no nariz quanto na boca. De boa tipicidade, tem taninos de boa textura e refrescante, que trazem sustentação ao conjunto e fluidez ao vinho. Uma boa introdução aos vinhos de Ribera del Duero.

PALACIOS REMONDO

Região: **Rioja**
Enólogo: **Álvaro Palacios**
Site: alvaropalacios.com/palacios-remondo/
Enoturismo: não
Importadora: Vinci

Palacios Remondo foi revitalizada com a chegada do genial Álvaro Palacios. Especialista em Garnacha graças ao seu trabalho no Priorat, o enólogo produz excelentes exemplares com a variedade. A empresa segue os princípios da agricultura ecológica e é uma das principais vinícolas em Rioja Oriental.

AD 93 La Montesa Reserva Selección Especial 2013

TINTO RIOJA $$$$$

Sedutor, mostra cerejas e groselhas envoltas por notas florais, de ervas, de tabaco e de especiarias doces. Redondo, equilibrado e gostoso de beber, tem taninos de grãos finos e refrescante acidez, » que aportam certo equilíbrio ao conjunto e conferem profundidade. Ótimo exemplo de concentração e de finesse.

AD 92

La Montesa Crianza 2014

TINTO	RIOJA	$$$$

Chama atenção pelos taninos firmes e de grãos finos, que trazem equilíbrio à sua fruta vermelha, lembrando cerejas e framboesas. Estruturado, tem acidez na medida e final persistente, com toques florais, terrosos, de groselhas e de ervas secas.

AD 92

La Vendimia 2018

TINTO	RIOJA	$$$

Potente e suculento, mostra ameixas e cerejas seguidas de notas florais, de ervas secas e dc especiarias doces, que aparecem tanto no nariz quanto na boca. Chama atenção pela vibrante acidez e pelos taninos tensos e de grãos finos, que conferem fluidez e profundidade ao vinho. Tem final persistente, com toques salinos, terrosos e de couro.

PAZO DE SEÑORANS

Região:
Rías Baixas
Enóloga:
Ana I. Quintela Suarez
Site: www.pazodesenorans.com/es/
Enoturismo: Sim
Importadora: Mistral

Situada em Meis, na província de Pontevedra, Pazo Señorans tornou-se oficialmente produtora de vinhos em 1989, embora o cultivo de vinhas já ocorria alguns anos antes, com o casal Marisol Bueno e Javier Mareque. A propriedade é uma das maiores especialistas na uva Albariño, seus vinhedos são cultivados exclusivamente com a casta.

AD 95

Pazo de Señorans Selección de Añada Albariño 2006

BRANCO | RÍAS BAIXAS | $$$$$

Sem passagem por madeira, mas mantido em contato com suas lias por 30 meses antes de ser engarrafado, esbanja tensão, vivacidade e frescor de fruta, mesmo com mais de 10 anos de garrafa. Mostra frutas brancas e de caroço envoltas por notas florais, de ervas, de frutos secos e de anis, tudo sustentado por textura firme e acidez elétrica. Tem final austero e vertical, com toques salinos e de limão tahiti. Um surpreendente e delicioso vinho, que comprova a nobreza da Albariño.

AD 93

Pazo de Señorans Albariño 2017

BRANCO | RÍAS BAIXAS | $$$$

De ótima tipicidade, mostra frutas brancas e de caroço maduras seguidas de notas florais, de ervas e de frutos secos, tudo sustentado por textura cremosa e acidez elétrica. Tem final longo e persistente, com toques salinos e de limão siciliano, que convidam a uma segunda taça.

PERE VENTURA

Região:
Penedès
Enólogo:
Sebastià Galimany
Site: pereventuragroup.com
Enoturismo: Sim
Importadora: World Wine

Pere Ventura foi fundada em 1992, em Sant Sadurní d'Anoia, capital espanhola da produção de Cava. A propriedade pertence ao grupo espanhol Pere Ventura Family Wine Estates (PVFWE), também proprietários de Can Bas (na DO Penedès) e Mervm Priorati (na DOQ Priorat). PVFWE segue os princípios da agricultura orgânica e sustentável nos 328 hectares de vinhedos que administra.

AD 91 | Pere Ventura Tresor Reserva Brut

ESPUMANTE PENEDÈS **$$$**

Fresco e cremoso, mostra frutas brancas e de caroço seguidas de notas florais, de ervas, de padaria e de frutos secos, que se confirmam no palato. Fluido, equilibrado e gostoso de beber, tem ótima acidez, textura cremosa e final médio/longo, com toques salinos, de padaria e de limão siciliano, que pedem uma segunda taça.

AD 90 | Pere Ventura Tresor Brut Rosé

ESPUMANTE PENEDÈS **$$$**

Bem feito no estilo de maior madurez de fruta, com acidez refrescante e textura firme e cremosa, que trazem sustentação ao conjunto. Tem bom volume de boca e final agradável, com toques salinos e de morangos.

PÉREZ PASCUAS

Região:
Ribera del Duero
Enóloga:
Nuria Peña Albillo
Site: perezpascuas.com
Enoturismo: Sim
Importadora: Mistral

Pérez Pascuas é uma vinícola familiar localizada em Pedrosa de Duero, na província de Burgos. O vinhedo da propriedade, cerca de 120 hectares no total, é composto em sua maioria por vinhas velhas, algumas com mais de 80 anos. Com uma produção anual de 600.000 garrafas, seus vinhos estão entre os mais prestigiados de Ribera del Duero.

AD 93

Viña Pedrosa Crianza 2017

TINTO	RIBERA DEL DUERO	$$$$$

Muito bem feito no estilo mais concentrado e potente, tem acidez vibrante e taninos firmes e granulados, que conferem fluidez ao vinho e equilíbrio ao conjunto. Tem final cheio e persistente, com toques terrosos, de ameixas, de ervas secas e de especiarias doces.

PESQUERA

Região:**Ribera del Duero**
Enólogo: **Rodrigo Pons**
Site: familiafernandezrivera.com/en/history/
Enoturismo: Sim
Importadora: Mistral

Sem nunca ter estudado enologia, Alejandro Fernandez deu início à história da Pesquera em 1972, no minúsculo município de Pesquera de Duero, e já começou com tudo. Tornou a desconhecida Tempranillo sua queridinha e colocou sua vinícola monovarietal em um patamar alto, ao lado de Vega Sicilia. Ele deu cor, corpo e concentração aos seus vinhos e refutou a filtração e clarificação. O grupo Pesquera possui, além da vinícola de mesmo nome, outras três: El Vínculo (em La Mancha), Condado de Haza (Ribera del Duero) e Deheza La Granja (Zamora).

AD 93

Pesquera Reserva 2015

TINTO	RIBERA DEL DUERO	$$$$$

Muito bem feito no estilo opulento, untuoso e de maior madurez de fruta, com boa acidez e taninos tensos e granulados que trazem sustentação ao conjunto. Um bom exemplo de que concentração e potência podem conviver em harmonia com equilíbrio e finesse.

PINOSO

Região:
Alicante
Enólogos:
Ana Amat e Jean Natolí
Site: www.bodegaspinoso.com/es/inicio/
Enoturismo: Sim
Importadora: Belle Cave

Fundada em 1932, Bodegas Pinoso é uma das mais importantes cooperativas da região de Alicante. Hoje, a empresa possui 250 sócios e controla 1200 hectares de vinhedos, todos em condução ecológica. A equipe técnica é formada pela enóloga espanhola Ana Amat e o consultor francês Jean Natolí.

AD 91

Pinoso Cepa 50 Viñas Viejas Monastrell 2019

TINTO | ALICANTE | $$$

Sedutor nos aromas, mostra ameixas e amoras escoltadas por notas florais, de ervas frescas e de especiarias doces. Mas, é na boca que merece atenção, com sua fruta nítida e fresca, sua acidez elétrica e seus taninos tensos e de grãos finos, que convidam a uma segunda taça. Por ser muito fluido e fácil de beber aparenta ser menos complexo do que realmente é. Atenção com ele. Aqui menos é mais.

AD 91

Vergel de la Bodega de Pinoso Rosé 2019

ROSÉ | ALICANTE | $$$

Cheio de frutas vermelhas e brancas de perfil mais fresco acompanhadas de notas florais, de ervas e de especiiarias doces, que se confirmam no palato. Fluido e de corpo médio, tem acidez vibrante, textura firme e cremoso e final »

tenso e agradável, com toques salinos, de morangos e de limão siciliano. Versátil, pode ser servido como aperitivo ou na companhia de saladas, de frutos do mar ou de embutidos.

AD 90

Vergel de la Bodega de Pinoso Branco 2019

BRANCO ALICANTE $$$

Cativante e muito gostoso de beber, esbanja frutas brancas e de caroço maduras seguidas de notas florais e de ervas, tudo permeado por acidez refrescante e textura cremosa. Tem final médio e agradável, com toques salinos e cítricos, que pedem a companhia de peixes brancos grelhados.

PONCE

Região:
Manchuela
Enólogo:
Juan Antonio Ponce
Enoturismo: Não
Importadora: World Wine

Bodegas y Viñedos Ponce é um projeto estabelecido por Juan Antonio Ponce, um dos pioneiros biodinâmicos em Manchuela. A vinícola destaca-se por seus vinhos produzidos a partir de Bobal (especialidade de Juan), mas também elabora ótimos exemplares com as variedades Moravia Agria, Albillo, Garnacha e Monastrell.

AD 93

Buena Pinta Moravia Agria Garnacha 2018

TINTO MANCHUELA $$$

Tinto composto de 85% Moravia Agria e 15% Garnacha Tinta, com estágio entre 6 e 8 meses em barris de 600 litros usados de carvalho francês. Mostra perfil de frutas vermelhas lembrando framboesas e groselhas, acompanhadas de notas florais, especiadas e de ervas, tanto no nariz quanto na boca. Gastronômico e cheio de frescor, tem acidez vibrante, taninos de grãos finos e final persistente e agradável, com toques defumados, terrosos e de tabaco.

AD 93

La Casilla Bobal 2018

TINTO MANCHUELA $$$

Fluido, cativante e gostoso de beber, esbanja groselhas e cerejas acompanhadas de notas florais, terrosas e de especiarias doces, tudo equilibrado por taninos de fina textura e refrescante acidez. Tem final agradável e persistente, confirmando o nariz e pedindo uma segunda taça.

AD 93

P.F Bobal 2018

TINTO MANCHUELA $$$$

Chama atenção pela acidez elétrica e pelos taninos tensos e granulados, que trazem fluidez ao vinho e sustentação ao seu perfil mais maduro e concentrado de fruta vermelha. Tem final cheio e persistente, com toques terrosos, de ervas secas, de sangue, de tabaco e de cerejas.

»

AD 93 | **Pino 2018**

TINTO | MANCHUELA | $$$$

Tenso e intenso, alia estrutura e concentração de fruta, com profundidade e fluidez, tudo mostrado de modo preciso e refinado. Tem final persistente, com toques salinos, de cerejas e de ervas secas. Uma delícia de vinho, que por ser incrivelmente fácil de beber aparenta ser menos complexo do que realmente é. Muita atenção com ele!

PREMIUM FINCAS (BODEGAS NUESTRO DE DÍAZ BAYO)

Regiões:
Ribera del Duero, Rioja e Rías Baixas
Enólogo: Isaac Fernández Montaña
Site: premiumfincas.com
Enoturismo: Sim
Importadora: Casa Flora/Porto a Porto

Premium Fincas, importante grupo vinícola espanhol, produz vinhos nas principais denominações de origem do país. A empresa abrange prestigiosas vinícolas, como Marqués de Tomares (situada em Fuenmayor, no coração de Rioja Alta), Nuestro (em Fuentelcèsped, zona privilegiada de Ribera del Duero) e Chan de Rosas (na DO Rías Baixas).

AD 91 | **Nuestro 20 meses 2012**

TINTO | RIBERA DEL DUERO | $$$$

Ainda jovem e num perfil mais concentrado e de maior madurez de fruta, tem acidez vibrante e taninos tensos e marcantes, que trazem certo equilíbrio ao conjunto e conferem fluidez ao vinho. Untuoso e potente, tem final cheio e longo, com toques terrosos, tostados, de couro e de ameixas.

RAMÓN BILBAO

Regiões:
Rioja, Rías Baixas e Rueda
Enólogo:
Rodolfo Bastida
Site: www.bodegasramonbilbao.es
Enoturismo: Sim
Importadora: Cantu

Ramón Bilbao fundou a vinícola em 1924 na cidade de Haro, capital de La Rioja. Em 1999, a propriedade foi adquirida pelo grupo Zamora, proprietário das marcas Licor 43, Villa Massa e Lolea, entre outras. Além de Rioja, onde possui 205 hectares próprios, Ramón Bilbao também está presente nas regiões de Rueda e Rías Baixas. O diretor técnico é Rodolfo Bastida.

AD 94

Mirto 2015

TINTO | RIOJA | $$$$$

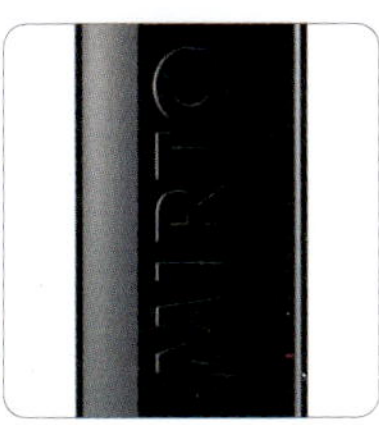

Somente elaborado em anos especiais e de vinhedos de mais de 90 anos. Surpreende pela harmonia entre concentração, potência, fluidez e nitidez de fruta, tudo equilibrado e sustentado por vibrante acidez e taninos tensos e de textura lembrando giz. Preciso e muito refinado, tem final cheio e longo, com toques de cassis, de tabaco, de cedro, de alcaçuz e de grafite.

>>

AD 93 Ramón Bilbao Gran Reserva 2011

TINTO | RIOJA | **$$$$**

Sedutor nos aromas, mostra notas florais, defumadas, de couro, de ervas e de especiarias acompanhando sua fruta negra e vermelha. Estruturado e ainda jovem, tem taninos firmes, refrescante acidez e final persistente, com toques terrosos e de giz.

AD 92 Ramón Bilbao Reserva 2015

TINTO | RIOJA | **$$$**

Mostra notas defumadas, de tabaco, de couro e de especiarias envolvendo sua fruta negra madura. Cativante, tem taninos firmes e de grãos finos, acidez na medida e final fluido e persistente, com toques terrosos, de ameixas e de amoras. Está muito bom agora, mas tem tudo para ficar ainda melhor nos próximos 10 anos.

AD 91 Ramón Bilbao Crianza 2017

TINTO | RIOJA | **$$$**

Produzido exclusivamente a partir de Tempranillo, com estágio de 14 meses em barricas de carvalho americano. Estruturado e vibrante, impressiona pela qualidade de fruta, seguida por notas de especiarias, florais e de ervas. No palato, tem acidez refrescante, taninos finos e final persistente, com toques de cerejas e de baunilha.

AD 91 — Ramón Bilbao Viñedos de Altura 2017

TINTO | RIOJA | $$$

No início estava um pouco fechado, mas depois foi abrindo para mostrar amoras e groselhas seguidas de notas florais, terrosas e de especiarias doces, que aparecem tanto no nariz quanto na boca. Chama atenção pela acidez refrescante e pelos taninos firmes e de fina textura, que trazem certa fluidez ao vinho e equilíbrio ao aporte de madeira, que, por enquanto, aparece mais do que deveria.

AD 90 — Ramón Bilbao Albariño 2019

BRANCO | RÍAS BAIXAS | $$$

Branco 100% Albariño, sem passagem por madeira. Franco e sedutor no nariz, mostra notas de frutas cítricas e de caroço, florais e minerais, que se confirmam no palato. Tem acidez afiada, ótima textura e final refrescante, com toques salinos e de limão.

AD 89 — El Viaje de Ramón Tempranillo 2017

TINTO | RIOJA | $$

Tinto elaborado exclusivamente a partir de Tempranillo, com estágio em barricas de carvalho americano. Uma boa porta de entrada para os vinhos de Rioja, esse mostra boa tipicidade, muita fruta vermelha seguida de notas terrosas, de especiarias e de ervas, que se confirmam na boca. Tem taninos de boa textura, ótima acidez e final agradável e gastronômico, que pede a companhia de carnes assadas.

SANCHEZ ROMATE

Região:
Jerez
Enóloga:
Reyes Gómez
Site: www.romate.com/es/
Enoturismo: Não
Importadora: Belle Cave

Fundada em 1781, por Juan Sánchez de la Torre, Sánchez Romate é uma das poucas bodegas que permanecem até hoje em mãos de proprietários jerezianos. Atualmente, os vinhos e brandies da empresa possuem uma reputação internacional e as vendas se expandem nos 5 continentes. A enóloga é a talentosa Reyes Gómez.

AD 94

Regente Palo Cortado

FORTIFICADO JEREZ **$$$$**

Elaborado a partir de soleras de 15 anos, é um autêntico vinho de meditação, com várias camadas de aromas e de sabores, mostradas de modo sutil e refinado e num contexto de refrescante acidez e de textura cremosa. Tem final longo e amplo, com toques salinos, defumados, de nozes, de amêndoas e de laranjas em calda.

AD 93

Don José Oloroso

FORTIFICADO JEREZ **$$$$**

Advindo de soleras de 18 anos, é fresco, amplo e complexo. Mostra um perfil de frutos secos, lembrando ameixas e amêndoas, seguidos de notas tostadas, de café e de tabaco, tudo equilibrado por vibrante acidez e textura firme e cremosa. Tem final longo e cheio, com toques salinos e de compota.

AD 93 — Perdido 1/15 Fino

FORTIFICADO JEREZ $$$

Reserva limitada advinda de uma solera de apenas 15 barricas, com estágio prolongado de, pelo menos, 8 anos. Essa partida foi engarrafada no final de 2020 e o resultado é um fortificado complexo nos aromas e nos sabores, mostrando em harmonia o frescor, a vibração e os toques salinos de um fino, com a textura cremosa, o volume de boca e as notas tostadas, de frutos secos e de mel, que remetem a um amontillado. Uma deliciosa e cativante raridade.

AD 92 — Duquesa Pedro Ximenez

FORTIFICADO JEREZ $$$$

Denso e estruturado, mostra ameixas e figos em compota seguidos de notas florais, de melado de cana, de café e de especiarias doces. Cremoso, tem ótima acidez, que traz equilíbrio a toda sua intensa doçura. Tem final cheio e persistente, confirmando o nariz.

AD 91 — Viva La Pepa Manzanilla

FORTIFICADO JEREZ $$$

Sem nenhuma concessão ao dulçor, chama atenção pela acidez refrescante e pela textura firme, que envolve sua fruta, lembrando maçãs. Tem final longo e vibrante, com toques salinos, florais, de frutos secos e de ervas. Ideal para o aperitivo, melhor ainda se for na companhia de azeitonas.

SANGRE DE TORO

Região: **Catalunha e La Mancha**
Enólogo: **Josep Sabarich**
Enoturismo: Sim
Site: www.sangredetoro.com/es
Importadora: Pão de Açucar

Sangre de Toro pertence a Bodegas Torres, uma das maiores empresas vinícolas da Espanha. Seu portfólio oferece vinhos com ótima relação entre qualidade e preço e é dividido em quatro categorias: Esencial, Desalcoholisado & Low Alcohol, Reserva e Espumoso.

AD 90 | **Sangre de Toro Tempranillo 2017**

TINTO | LA MANCHA | **$$**

Tinto composto exclusivamente a partir de Tempranillo, sem passagem por madeira. Chama atenção pela nitidez e fluidez, tudo em meio a muita fruta vermelha e negra de perfil mais fresco, lembrando amoras e framboesas, com taninos de boa textura e tensa acidez, que trazem sustentação e vibração ao conjunto. Verdadeiro lobo em pele de cordeiro, aqui menos é muito mais.

AD 89 | **Sangre de Toro Original 2018**

TINTO | CATALUNHA | **$$**

Sempre consistente, essa é uma ótima edição desse tradicional tinto, que foi lançado na safra de 1954. Frutado, tem acidez na medida, taninos aveludados e final cativante, com toques terrosos e de ameixas, que pedem uma segunda taça. De preferência, na companhia de embutidos.

AD 89 | Sangre de Toro Selección Especial Reserva 2015

TINTO | CATALUNHA | $$$

Um verdadeiro clássico, que se reproduz em seu estilo velha escola. Mostra frutas vermelhas maduras e ao licor seguidas de notas florais, de ervas e de especiarias doces, que se confirmam na boca. Tem taninos firmes e finos, acidez refrescante e final médio/longo, com toques terrosos e de cerejas.

AD 89 | Sangre de Toro Selección Especial Reserva 2014

TINTO | CATALUNHA | $$$

Tinto composto em sua maioria por Syrah e Garnacha, com curto estágio em carvalho. Mostra frutas negras lembrando ameixas e amoras acompanhadas de notas florais, terrosas, tostadas e de tabaco, tanto no nariz quanto na boca. Carnudo, tem bom volume de boca, taninos firmes que pedem comida, acidez refrescante e final médio, com toques especiados.

AD 88 | **Sangre de Toro Blanco Clásico 2019**
BRANCO | CATALUNHA | **$$**

AD 88 | **Sangre de Toro Blanco Clásico 2018**
BRANCO | CATALUNHA | **$$**

AD 88 | **Sangre de Toro Original 2017**
TINTO | CATALUNHA | **$$**

AD 88 | **Sangre de Toro Selección Especial Chardonnay 2017**
BRANCO | CATALUNHA | **$$$**

>>

VINHOS

AD 87 | **Sangre de Toro Rosé 2019**
ROSÉ | CATALUNHA | **$$**

SARAH SELECTIONS

Região:
Navarra
Enólogos:
Sara Martínez Lagos e León Florez
Instagram: @latidowines
Enoturismo: Não
Importadora: Belle Cave

Fundada em 2013, Sarah Selections é um projeto de Sara Martínez Lagos e León Florez. O casal produz seus vinhos na bodega cooperativa mais antiga de San Martín de Unx, na província de Navarra, onde encontraram vinhas antigas de Garnacha, a 650 metros de altitude.

AD 90 | **Latido de Sara Wild Garnacha 2017**

TINTO | NAVARRA | **$$**

Cheio de cerejas e groselhas seguidas de notas florais, terrosas, de ervas e de especiarias, que aparecem tanto no nariz quanto na boca. Frutado e gostoso de beber, tem vibrante acidez e taninos firmes, que trazem sustentação ao seu perfil de maior madurez de fruta. Tem final cativante, que pede a companhia de linguiça na brasa.

SEGURA VIUDAS

Região:
Catalunha
Enólogo:
Miquel Salarich
Site: seguraviudas.com
Enoturismo: Sim
Importadora: Freixenet

Localizada em Torrelavit, no coração da região vinícola de Penedès, Segura Viudas é um dos mais respeitados produtores de Cava. Atualmente, a empresa pertence ao grupo Freixenet.

AD 92 | **Segura Viudas Reserva Heredad Brut**

ESPUMANTE CATALUNHA $$$

Cremoso e refinado, chama atenção pela acidez refrescante e pela textura firme, que conferem fluidez e equilíbrio ao conjunto. Complexo nos aromas e nos sabores, mostra notas florais, de ervas, de padaria e de frutos secos. Tem final persistente, com toques cítricos e salinos.

AD 90 | **Segura Viudas Reserva Brut**

ESPUMANTE CATALUNHA $$

Mostra frutas brancas e cítricas envoltas por notas tostadas, florais e de especiarias doces. No palato, tem bom volume de boca, vibrante acidez, textura cremosa e final médio/longo, com toques de limão siciliano e de frutos secos.

»

AD 89

Segura Viudas Brut Rosé

ESPUMANTE | CATALUNHA | $$

Num estilo mais vinoso e de maior madurez, esbanja frutas vermelhas e brancas escoltadas por notas terrosas, tostadas e de especiarias doces, tudo equilibrado por refrescante acidez e textura cremosa. Tem final persistente, com toques de morangos e de frutos secos.

SOLAR VIEJO

Região:
Rioja
Enóloga:
Vanesa Insausti
Site: www.solarviejo.com/
Enoturismo: Sim
Importadora: Freixenet

Com mais de 75 anos de tradição em Rioja, a Bodegas Solar Viejo atualmente é parte do grupo Ferrer Miranda. A vinícola foi fundada em 1937 na vila medieval de Laguardia, no coração de Rioja Alavessa. A enóloga é Vanesa Insausti, na bodega desde 2007.

AD 90

Solar Viejo Reserva 2014

TINTO | RIOJA | $$$

Tinto produzido a partir de Tempranillo e Graciano, com estágio de pelo menos 12 meses em barricas de carvalho francês e americano e de 24 meses em garrafa. Apresenta ótima tipicidade, com frutas vermelhas e negras maduras, empireumático, especiarias e ervas secas, além de notas terrosas e de cedro. Potente e estruturado, tem acidez refrescante, taninos finos e de ótima textura e final médio e cheio, com toques de baunilha e de cacau.

AD 90

Solar Viejo Tempranillo 2018

TINTO | RIOJA | **$$**

Tinto 100% Tempranillo, sem passagem por madeira. Destaca-se pelo seu estilo focado na fruta, com ótima intensidade de cerejas e ameixas, notas florais e de ervas. Equilibrado e saboroso, reafirma no palato sua pureza de fruta, realçada pela boa textura e pela acidez elevada. Tem taninos macios e final refrescante e agradável.

AD 89

Orube Crianza 2016

TINTO | RIOJA | **$$$**

Corte tinto composto de Tempranillo, Graciano e Garnacha, com estágio de 12 meses em barricas de carvalho francês e americano. Exibe perfil mais maduro de frutas vermelhas, além de notas empireumáticas e de especiarias doces. No palato, tem boa concentração de fruta, sustentada por acidez refrescante e taninos macios e de boa textura. O final é suculento e de média persistência, com notas salinas, de grafite e de chocolate amargo.

AD 89

Solar Viejo Crianza 2016

TINTO | RIOJA | **$$$**

Tinto elaborado a partir de Tempranillo, com estágio de 12 meses em barricas de carvalho francês e americano. Apresenta frutas vermelhas maduras, empireumático (cacau), especiarias doces (baunilha e alcaçuz) e um »

toque defumado. No palato, tem boa intensidade de fruta, acidez refrescante, taninos macios e final intenso.

TELMO RODRÍGUEZ

Regiões:
Rueda, Galícia, Rioja e Alicante, entre outras
Enólogos:
Pablo Eguzkiza e Telmo Rodríguez
Site: www.telmorodriguez.com/
Enoturismo: Não
Importadora: Mistral

Telmo Rodríguez lançou, junto com o sócio Pablo Eguzkiza, a Compañia de Vinos Telmo Rodriguez (originalmente a Compañía de Vinos de La Granja) em 1994. Desde o início, a vinícola dedica-se às uvas tradicionais da Espanha, além de restaurar constantemente os vinhedos antigos e abandonados das regiões, recuperando o cultivo e contribuindo para a sustentabilidade locais. Atualmente, a empresa trabalha em nove propriedades, localizadas em diferentes regiões da Espanha (Cigales, Rioja, Galícia, Ribera del Duero, Toro, Ávila, Málaga, Alicante e Rueda).

AD 93 | **Lanzaga 2013**

TINTO | RIOJA | **$$$$**

Complexo nos aromas e nos sabores, mostra notas terrosas, de ervas, de tabaco, de couro e de especiarias doces escoltando sua fruta, lembrando ameixas e framboesas. Mas, é na boca que merece atenção, com seus taninos firmes e granulados, sua acidez vibrante e seu final preciso, elegante e persistente, com toques sanguíneos, de cerejas e de menta.

AD 92

Gaba do Xil Mencía 2016

TINTO | GALÍCIA | **$$$**

Mais uma ótima safra desse Mencía em pureza, que mostra frutas vermelhas seguidas de notas florais, de ervas e de especiarias doces, que se confirmam na boca. Impressiona pelos taninos tensos e de grãos finos e pela acidez elétrica, que conferem profundidade, persistência e fluidez ao vinho. Tem final cativante, com toques terrosos e de cerejas.

AD 92

Telmo Rodríguez LZ 2018

TINTO | RIOJA | **$$$**

Cheio de vivacidade, mostra frutas vermelhas maduras escoltadas por notas florais, de ervas secas, de especiarias e de couro, que aparecem tanto no nariz quanto na boca. Chama atenção pelo equilíbrio e pela finesse, com sua ótima acidez e seus taninos firmes e finos conferindo sustentação ao conjunto. Tem final franco e persistente, com toques terrosos e de cerejas.

AD 91

Basa 2018

BRANCO | RUEDA | **$$$**

Cativante, muito gostoso de beber e gastronômico, chama atenção pela textura firme e cremosa e pela acidez refrescante, que trazem equilíbrio ao perfil mais maduro de sua fruta branca e de caroço, conferindo fluidez ao vinho. Tem final cheio e persistente, com toques salinos, cítricos e de ervas.

AD 91

Gaba do Xil Godello 2018

BRANCO | GALÍCIA | **$$$$**

O trabalho com as lias é notado na textura firme e cremosa e nas notas de frutos secos e de especiarias que envolvem sua fruta, lembrando pêssegos e peras. Nitido, fluido e muito gostoso de beber, » tem vibrante acidez, que equilibra seu perfil de maior madurez. Tem final untuoso e persistente, que pede a companhia de peixes mais gordurosos.

AD 90

Al-muvedre Monastrell Tinto 2016

TINTO | ALICANTE | $$$

Tinto elaborado exclusivamente a partir de Monastrell, com fermentação espontânea, sem passagem por madeira, mas mantido em tanques de inox e de cimento entre 6 e 8 meses. Cativante e gostoso de beber, mostra notas florais, de ervas e de especiarias envolvendo toda sua fruta, lembrando cerejas e ameixas. No palato, tem taninos tensos e de ótima textura, refrescante acidez e final agradável, pedindo uma segunda taça.

TEMPOS VEGA SICILIA

Regiões:
Ribera del Duero, Rioja e Toro
Enólogo:
Gonzalo Iturriaga de Juan
Site: www.temposvegasicilia.com
Enoturismo: Não
Importadora: Mistral

Vega Sicilia, localizada em Ribera del Duero, foi originalmente fundada em 1864 por Don Eloy Lecanda y Chaves. No ano de sua fundação, Toribio, filho de Eloy, adquire em Bordeaux 18 mil mudas das uvas Cabernet Sauvignon, Malbec, Merlot e Pinot Noir e as planta em suas terras, com o objetivo de produzir brandy. A produção de vinho tinto começou um pouco depois e, já nas primeiras décadas do século passado, alcançava grande prestígio. Vega-Sicilia Único e Valbuena surgiram em 1915, concebidos no estilo dos vinhos da Rioja, a região vedete dos vinhos da Espanha na época. A propriedade passou por várias mãos até os nossos dias, estando desde 1982 sob o comando da família Álvarez. Foi também em 1982 que a vinícola contribuiu para colocar Ribera del Duero no mapa, com sua própria Denominação de Origem. O agrupamento de todos os projetos é chamado Tempos Vega Sicilia, com rótulos dos cinco projetos da empresa, em Ribera del Duero (Vega Sicilia e Alión), em Toro (Pintia), na Rioja (Macán, em parceria com a família Rothschild) e na Hungria (Tokaj-Oremus).

AD 93

Alión 2015

TINTO | RIBERA DEL DUERO | **$$$$$**

Um ano quente e seco aportou um perfil de maior madurez e concentração, repleto de frutas negras e vermelhas acompanhadas de notas terrosas, de ervas secas e de especiarias doces. Tem taninos granulados e firmes e boa acidez, que trazem certo equilíbrio ao conjunto.

AD 93

Pintia 2015

TINTO | TORO | **$$$$$**

Fruto de uma safra mais quente como 2015, consegue ter um ótimo balanço entre concentração e finesse, com sua refrescante acidez e seus taninos firmes e de fina textura aportando certo equilíbrio ao conjunto e fluidez ao vinho. Tem final untuoso e persistente, com toques de ameixas, de ervas e de alcaçuz.

TERRAS GAUDA

Região:
Bierzo
Enólogo:
Alfredo Marqués
Site: www.terrasgauda.com
Enoturismo: Sim
Importadora: Épice

Terras Gauda é um dos principais grupos vinícolas da Espanha, hoje constituído por quatro propriedades: Bodegas Terras Gauda (em Rías Baixas), Bodegas Pittacum (em Bierzo), Quinta Sardonia (em Ribera del Duero) e Compañía de Vinos Heraclio Alfaro (em Rioja). José María Fonseca é o fundador e presidente da empresa.

AD 91

Petit Pittacum 2018

TINTO BIERZO **$$$**

Fluido e muito gostoso de beber, tem taninos firmes e refrescante acidez, que trazem equilíbrio ao perfil mais maduro de sua fruta vermelha e negra. Tem final suculento, com toques terrosos, especiados, de menta e de ameixas, que pedem uma segunda taça, de preferência na companhia de embutidos.

TINEDO

Região:
Castilla-La Mancha
Enóloga:
Silvia Barruezo
Site: www.tinedo.es
Enoturismo: Sim
Importadora: Domno

Adquirida em 1846, por Dionisio Angulo, Finca Tinedo é uma das propriedades mais antigas de La Mancha. A vinícola é adepta da agricultura sustentável e dos seus 47 hectares de vinhedos destacam-se as variedades Tempranillo, Cabernet Sauvignon, Syrah, Graciano e Moscatel de Grano Menudo.

AD 91

Bodega Tinedo Cala 1 2017

TINTO TIERRA DE CASTILLA **$$$**

Mostra notas florais, de ervas e de especiarias doces envolvendo sua fruta lembrando ameixas. No palato, é untuoso, mas tem acidez refrescante e taninos firmes, que trazem sustentação ao conjunto. Tem final persistente, com toques terrosos, de couro e de frutas vermelhas em compota.

AD 91

Bodega Tinedo Cala 2 2015

TINTO TIERRA DE CASTILLA **$$$**

Potente e concentrado, tem taninos marcantes e acidez refrescante, que trazem certo equilíbrio ao conjunto e ao aporte de madeira, que, por enquanto, aparece mais do que deveria. Tem final carnudo, com toques terrosos, de ameixas, de especiarias e de cacau. »

AD 90

Ja! by Tinedo 2019

TINTO | TIERRA DE CASTILLA | **$$**

Muito bem feito no estilo de maior madurez, com acidez refrescante e taninos firmes e de grãos finos, que conferem fluidez ao vinho e equilíbrio a sua fruta lembrando ameixas. Tem final cativante, com toques terrosos, especiados e de ervas, que convidam a mais um gole.

TOMÀS CUSINÉ

Região:
Catalunha
Enólogo:
Tomàs Cusiné
Site: www.tomascusine.com/es/
Enoturismo: Sim
Importadora: Mistral

Este é um projeto do talentoso enólogo Tomàs Cusiné, criado em 2003, no município de El Vilosell, na Catalunha. A vinícola possui 30 hectares de vinhedos, geridos de forma ecológica e sustentável, e controla mais 70 de viticultores parceiros da região. Cusiné, é proprietário também das bodegas Castell del Remei, Cérvoles Celler e Cara Nord, produzindo vinhos nas denominações de origem Costers del Segre, Conca de Barberà e Montsant.

AD 92

Vilosell 2017

TINTO | COSTERS DEL SEGRE | **$$$$**

Suculento e gostoso de beber, é repleto de frutas vermelhas e negras seguidas de notas florais, terrosas e de ervas, que aparecem tanto no nariz quanto na boca. No palato, seus taninos arenosos e sua vibrante acidez aportam fluidez ao vinho e equilíbrio a todo seu caráter frutado. Para os cozidos de carne.

TORRES

Regiões:
Penedès, Priorato, Ribera del Duero e Rías Baixas, entre outras
Enólogo:
Josep Sabarich
Site: www.torres.es/es/inicio
Enoturismo: Sim
Importadora: Cantu

Uma sequência de cinco gerações desta vinícola orgulhosamente familiar se iniciou quando Jaime Torres Vendrell voltou de Cuba e, com seu irmão, Miguel Torres Vendrell, fundou a Bodegas Torres em 1870. Em 1963, Miguel A. Torres, após terminar seus estudos em enologia em Dijon (França), assumiu a direção técnica da vinícola e, um ano depois, iniciou a plantação de cepas internacionais, com a Cabernet Sauvignon na fazenda Mas la Plana, em Penedès, e a Chardonnay, anos depois, na fazenda Castell de Milmanda, em Conca de Barberà. Com o falecimento de seu pai, em 1991, tornou-se presidente da bodega e, em 2021, completa a terceira década no comando da empresa. Atualmente, a quinta geração da família, Mireia Torres Maczassek (filha de Miguel A. Torres) é diretora de pesquisa e desenvolvimento de todo o grupo e, seu irmão, Miguel Torres Maczassek, desde setembro de 2012, é o diretor geral do grupo (antes disso, entre 2009 e 2012, foi presidente executivo de Miguel Torres Chile). Bodegas Torres possui vinhedos na Espanha, Chile e Califórnia e está presente em mais de 150 países ao redor do mundo. »

AD 94 Gran Muralles 2015

TINTO | CONCA DE BARBERÀ | $$$$$

Preciso e refinado, impressiona pelos taninos firmes e de grãos finíssimos, que trazem profundidade e envolvem sua fruta lembrando ameixas e amoras, seguidas de notas florais, de ervas e de especiarias doces. Tem ótima acidez e final persistente, com toques terrosos, de tabaco e de cerejas. Ainda jovem, está ótimo agora, mas tem tudo para ficar ainda melhor nos próximos 10 anos.

AD 94 Mas La Plana 2013

TINTO | PENEDÈS | $$$$$

Tinto elaborado exclusivamente a partir de uvas Cabernet Sauvignon, cultivadas no vinhedo Mas La Plana, plantado na década de 1960, com estágio de 18 meses em barricas de carvalho francês 85% novas. O trabalho minucioso tanto no campo quanto na cantina é percebido no equilíbrio e finesse do conjunto. Mostra sedutores aromas de amoras, de cerejas e de cassis acompanhados de notas florais, de cedro, de especiarias e de ervas. Impressiona pela textura de taninos e pela vibrante acidez, tudo num contexto de muita precisão. Compacto e profundo, tem final agradável, com toques salinos e de grafite.

AD 93 Milmanda 2014

BRANCO | CONCA DE BARBERÀ | $$$$

Tradicional branco elaborado exclusivamente a partir de Chardonnay, com fermentação e estágio de 12 meses em barricas 60% novas de carvalho francês de Nevers. Ano após ano esse vinho tem caminhado em direção a maior frescor e ao uso mais parcimonioso da madeira. Mostra perfil cítrico e mineral encantador, depois aparecem frutos secos e toques amanteigados e de especiarias doces. Harmônico, é tenso e vibrante, mas também cheio e cremoso. Tem final longo, com notas florais e salinas.

AD 93

Perpetual 2016

TINTO | PRIORATO | **$$$$$**

Tinto composto de uvas Cariñena e Garnacha, advindas de vinhedos entre 80 e 100 anos, com estágio de 18 meses em barricas novas de carvalho francês. Sedutor nos aromas, mostra ameixas e amoras escoltadas por notas florais, de ervas, de especiarias doces e da passagem pela madeira. Encorpado e austero, chama atenção pelos taninos granulados e de ótima textura, pela acidez vibrante e pelo final untuoso e profundo, com toques salinos, terrosos e de cerejas. Está muito bom agora, mas tem tudo para ficar ainda melhor no decorrer dos próximos 10 anos.

AD 93

Salmos 2016

TINTO | PRIORATO | **$$$$**

Tinto composto de Garnacha, Syrah e Cariñena, com estágio de 14 meses em barricas de carvalho francês, sendo 25% novas. Uma ótima safra desse vinho, que mostra perfil mais fresco e vertical, quando comparado ao 2015. Tem acidez vibrante, taninos firmes e finos e final suculento e persistente, com toques florais, terrosos e de groselhas. Está delicioso agora, mas tem tudo para ficar ainda melhor nos próximos 10 anos. >>

AD 92

Celeste Crianza 2017

TINTO | RIBERA DEL DUERO | $$$

Surpreende pelo perfil de frutas vermelhas mais frescas, pela acidez vibrante e pelos taninos de ótima textura, que conferem equilíbrio ao conjunto e fluidez e verticalidade ao vinho. Tem final persistente, com toques terrosos, florais, especiados e de grafite.

AD 92

Pazo das Bruxas Albariño 2019

BRANCO | RÍAS BAIXAS | $$$

Mais uma ótima safra desse branco, que mostra frutas brancas e de caroço escoltadas por notas florais, de ervas e de frutos secos, que aparecem tanto no nariz quanto na boca. Fluido e muito gostoso de beber, tem refrescante acidez, textura firme e cremosa e final cheio e persistente, com toques salinos e de limão salino.

AD 92

Purgatori 2017

TINTO | COSTERS DEL SEGRE | $$$$

Tinto composto de Cariñena, Garnacha e Syrah, com estágio entre 15 e 18 meses em barricas de carvalho francês, sendo 40% novas. Mostra notas florais, especiadas e de ervas envolvendo toda sua fruta lembrando ameixas e amoras. Fluido e fresco, tem acidez vibrante, taninos tensos e de grãos finos e final suculento e persistente, com toques terrosos, de cerejas e de alcaçuz.

AD 91

Celeste Reserva 2015

TINTO | RIBERA DEL DUERO | $$$$

Ainda jovem e num perfil mais austero, mostra notas defumadas, de tabaco e de couro envolvendo sua fruta negra e vermelha de perifl mais maduro. Tem acidez na medida e taninos firmes, que trazem certa sustentação ao aporte de madeira. Tem final cheio e untuoso, com toques tostados, terrosos e de cacau.

AD 91

Gran Coronas Reserva Cabernet Sauvignon 2016

TINTO | PENEDÈS | $$$

Tinto composto de 85% Cabernet Sauvignon e 15% Tempranillo, com estágio de 12 meses em barricas de carvalho francês, sendo 30% novas. Mais uma ótima edição desse Gran Coronas, mostra notas de ervas secas e de especiarias picantes envolvendo sua fruta, que lembra ameixas e cassis. No palato, chama atenção pelo equilíbrio do conjunto, pela acidez refrescante, pelos taninos de grãos finos e pelo final longo, com toques terrosos, de grafite e de eucalipto.

AD 90

Coronas Tempranillo 2018

TINTO | CATALUNHA | $$

Mais uma consistente safra desse emblemático tinto. Aqui os taninos de boa textura, a acidez refrescante e a fruta nítida e madura no ponto certo ditam as regras, aportanto fluidez e equilíbrio ao conjunto. Cativante e gostoso de beber, tem final suculento, com toques terrosos e de ameixas.

»

AD 90 Floralis Moscatel Oro

FORTIFICADO CATALUNHA **$$$**

Mostra aromas de frutas brancas em compota seguidos de notas florais, de frutos secos, de mel e de especiarias doces. Denso e cheio de fruta, tem boa acidez, que traz certo equilíbrio ao conjunto. Cheio, tem final com toques de marrom glacê e de casca de laranja.

AD 90 Viña Esmeralda Blanco 2019

BRANCO CATALUNHA **$$**

Corte branco composto de Moscatel e Gewürztraminer, sem passagem por madeira. Destaca-se pelo frescor e pela boa intensidade aromática, exibindo frutas cítricas, brancas e de caroço acompanhadas de notas florais e ervas frescas. No palato, tem acidez aguda, ótima textura e final sedutor e longo, com toques de maçã verde, de limão siciliano e de flor de laranjeira.

AD 90 Viña Esmeralda Rosado 2019

ROSÉ CATALUNHA **$$**

Tenso e refrescante, esbanja frutas brancas e vermelhas seguidas de notas florais e de ervas frescas, tudo sustentado por ótima acidez e textura firme e cremosa. Fácil de beber e de entender, difícil vai ser ficar na primeira taça.

VALDELANA

Região: **Rioja**
Enólogos:
Juan Jesús Valdelana e Juan Valdelana
Site: www.bodegasvaldelana.com
Enoturismo: Sim
Importadoras: Edega e Monvin

Bodegas Valdelana carrega uma tradição familiar de 14 gerações produzindo vinhos em Elciego, na região de Rioja Alavessa, ao norte da Espanha. Hoje são três gerações que comandam a vinícola, Isidoro (fundador e responsável por comercializar a primeira garrafa com o rótulo Valdelana), Juan Jesús (atual proprietário) e seus filhos Judit e Juan Valdelana. Presente em mais de 20 países, a empresa abrange as marcas de vinhos Familia Valdelana, Barón Ladrón de Guevara, Agnvs, Duquesa de la Victoria e Centvm Vitis.

AD 91

Familia Valdelana Tinto 2019

TINTO | RIOJA | **$$$**

Nitido e franco, esbanja groselhas e cerejas seguidas de notas florais, terrosas e de ervas, que aparecem tanto no nariz quanto na boca. Gostoso de beber, tem acidez refrescante e taninos de ótima textura. Aqui menos é muito mais.

AD 90

Familia Valdelana Blanco 2019

BRANCO | RIOJA | **$$$**

Mostra maçãs e peras envoltas por notas florais e de ervas frescas, tudo escoltado por acidez vibrante, textura firme e final agradável, com toques salinos e de limão siciliano.

VALDEMAR

Região:
Rioja
Enólogo:
Antonio Orte
Site: valdemar.es/
Enoturismo: Sim
Importadora: Mistral

Situada em Oyón, Álava, Bodegas Valdemar possui uma longa tradição vitivinícola, com mais de 130 anos de história. A empresa pertence à família Martínez Bujanda, pioneira no trabalho com variedades de uvas menos conhecidas na denominação (eles plantaram Graciano no início de 1990 e foram um dos primeiros produtores em Rioja a cultivar Tempranillo Blanco e Maturana Tinta). Hoje, a bodega detém mais de 400 hectares, nas melhores localidades de Rioja Alta, Rioja Alavesa e Rioja Oriental.

AD 92

Conde de Valdemar Crianza 2016

TINTO	RIOJA	**$$$**

Redondo e sedutor, mostra notas especiadas florais, terrosas e de ervas secas envolvendo toda sua fruta lembrando amoras e ameixas maduras no ponto certo, tudo equlibrado por taninos aveludados e acidez na medida. Para as carnes cozidas lentamente em seu prórprio molho.

VALDERIZ

Região:
Ribera del Duero
Enólogo:
Ricardo Esteban
Site: www.valderiz.com
Enoturismo: Não
Importadora: World Wine

Pertencente originalmente a uma família de produtores de uvas, a Bodegas y Viñedos Valderiz é uma das precursoras da agricultura biológica e sustentável na região de Ribera del Duero. A família cultivou e vendeu suas uvas até 1997, quando Juan e Ricardo Esteban assumiram o negócio. Hoje, a vinícola possui cerca de 80 hectares de vinhedos, divididos em 35 parcelas.

AD 93

Valderiz 2015

TINTO | RIBERA DEL DUERO | **$$$$**

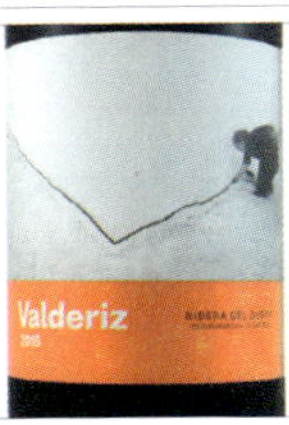

Muito bem feito no estilo de maior concentração e madurez de fruta, tem acidez na medida e taninos finos, tensos e com textura de giz, que trazem certa fluidez ao vinho. Tem final cheio e persistente, com toques salinos, defumados, terrosos e de especiarias doces.

AD 92

Valdehermoso Crianza 2016

TINTO | RIBERA DEL DUERO | **$$$**

Cativante nos aromas, mostra ameixas e amoras escoltadas por notas florais, de ervas e de incenso, que se confirmam no palato. Concentrado e untusoso, mas também preciso e equilibrado, tem taninos firmes e tensos, »

acidez refrescante e final cheio e persistente, com toques salinos, terrosos e de alcaçuz. Ainda muito jovem, tem tudo para ficar ainda melhor nos próximos 10 anos.

AD 91

Valdehermoso 9 meses 2018

TINTO RIBERA DEL DUERO $$$

No início estava um pouco fechado, mas depois de algum tempo passa a mostrar notas florais, terrosas, defumadas e de especiarias envolvendo sua fruta, lembrando ameixas e cassis, tudo sustentado por boa acidez e taninos firmes. Tem final carnudo e persistente, confirmando o nariz.

AD 90

Valdehermoso Joven 2019

TINTO RIBERA DEL DUERO $$$

Tinto 100% Tempranillo elaborado seguindo os preceitos da agricultura biodinâmica, com fermentação espontânea e sem passagem por madeira. Frutado e gostoso de beber, mostra amoras e ameixas seguidas de notas florais e de ervas. No palato, tem corpo médio, acidez refrescante, taninos firmes e finos e final também médio, com toques terrosos e cassis. Para os embutidos.

VALDUBÓN

Regiões:
Ribera del Duero e Rueda
Enólogo:
Javier Aladro
Site: valdubon.com/bodegas-valdubon/
Enoturismo: Sim
Importadora: Freixenet

Fundada em 1997, Bodegas Valdubón está localizada nos arredores de Milagros, na província de Burgos. A vinícola controla 155 hectares de vinhedos, dos quais 50% são próprios. Hoje, a empresa pertence ao grupo Ferrer Miranda, proprietários também de Solar Viejo (em Rioja), Vionta (em Rías Baixas) e Finca Ferrer (no Vale do Uco - Argentina).

AD 91

Valdubón Crianza 2017

TINTO | RIBERA DEL DUERO | **$$$**

Mostra ameixas e amoras maduras escoltadas por notas florais, de couro, de ervas e de especiarias doces, que se confirmam na boca. Estruturado, tem acidez na medida e taninos firmes e de grãos finos, que trazem equilíbrio ao conjunto e sustentação ao aporte de madeira. Tem final cheio e persistente, com toques de cacau, de alcaçuz e de cerejas.

AD 90

Valdubón Tempranillo 2018

TINTO | RIBERA DEL DUERO | **$$$**

Tinto elaborado exclusivamente a partir de Tempranillo, com estágio em barricas de carvalho. De boa tipicidade, mostra frutas vermelhas maduras seguidas de notas florais, de ervas e de especiarias doces, que se confirmam »

no palato. Carnudo e sedutor, tem acidez refrescante, taninos de boa textura e final persistente, com toques terrosos e de cerejas.

AD 88 | **Valdubón Verdejo 2018**
BRANCO | RUEDA | $$

VALDUERO

Região:
Ribera del Duero
Enóloga:
Yolanda García Viadero
Site: www.bodegasvalduero.com/
Enoturismo: Não
Importadora: Evino

Valduero foi criada em 1984 por Gregorio García Álvarez, no município de Gumiel de Mercado, na região de Ribera del Duero. Hoje, a propriedade possui cerca de 200 hectares de vinhas e é administrada por Yolanda e Carolina García Viadero, filhas de Gregorio.

AD 94 | **Valduero Tierra Alta de 2 Cotas Reserva 2014**

TINTO | RIBERA DEL DUERO | $$$$

As uvas Tempranillo para esse tinto são selecionadas das duas parcelas mais altas dos vinhedo e fermentadas sem adição de leveduras exógenas (fermentação espontânea). Exuberante, mostra ameixas e amoras seguidos de notas florais, balsâmicas, de ervas e especiarias doces, que se confirmam na boca. Equilibrado e fluido, tem concentração, mas também fluidez e profundidade, tudo sustentado por acidez refrescante e taninos tensos. Está ótimo agora, mas tem tudo para ficar ainda melhor nos próximos 10 anos.

AD 93 | **Valduero Tierra Alta en 2 Maderas 2017**

TINTO | RIBERA DEL DUERO | **$$$$**

Complexo nos aromas e nos sabores, mostra notas florais, balsâmicas, de especiarias e de ervas acompanhadas de ameixas e de cassis. Impressiona pelos taninos de grãos finos, pela acidez na medida, pelo equilíbrio do conjunto e pelo final persistente e fluido, com toques de alcaçuz, de couro e de tabaco.

VEGA CLARA

Região:
Ribera del Duero
Enólogos:
Clara Concejo e Juan Ayuso
Site: vegaclara.com/
Enoturismo: Sim
Importadora: Belle Cave

Localizada em Quintanilla de Onésimo, na província de Valladolid, Vega Clara produz somente vinhos de Ribera del Duero. A empresa possui 8 hectares de vinhedos próprios e controla outros 5 de viticultores parceiros na região.

AD 91 | **Diez Almendros 2018**

TINTO | RIBERA DEL DUERO | **$$$**

Tinto elaborado majoritariamente a partir de Tempranillo, acrescido de pequena parte de outra casta mantida em segredo pela vinícola. O vinho estagia 12 meses em barricas de carvalho. Franco nos aromas, mostra ameixas e amoras envoltos por notas florais, de ervas »

e de especiarias doces. Tenso, vibrante e cheio de fruta, tem ótima acidez, taninos firmes e de grãos finos e final carnudo e longo, com toques terrosos, de canela e de baunilha. Ainda está jovem e tem tudo para ficar ainda melhor nos próximos 5 anos.

AD 90 | **Jilguerín Tempranillo Cabernet Sauvignon 2019**

TINTO | RIBERA DEL DUERO | $$$

Estruturado e untuoso, tem boa acidez e taninos firmes e arenosos, que aportam equilíbrio ao conjunto e a toda sua fruta vermelha e negra de perfil mais maduro. Tem final carnudo e persistente, com toques terrosos, de ervas e de especiarias doces, que pedem a companhia de carnes vermelhas mais gordurosas.

VERUM

Região:
Castilla-La Mancha
Enólogo:
Elías López Montero
Site: www.bodegasverum.com/es/
Enoturismo: Sim
Importadora: Evino

Criada em 2005 por María Victoria e seus filhos María Belén, Juan Antonio, Pedro José e Elías, Verum é uma marca que reúne os vinhos da família López Montero, cujas origens no mundo do vinho remontam à 1788, ano de registro da primeira de suas bodegas. A propriedade, localizada em Tomelloso, na província de Ciudad Real (Castilla-La Mancha), segue os preceitos da viticultura orgânica e o enólogo é o talentoso Elías López Montero.

AD 90

Petit Vervm Garnacha 2019

TINTO TIERRA DE CASTILLA $$

Tinto orgânico elaborado excusivamente a partir de Garnacha, sem passagem por madeira. Surpreende pela qualidade de fruta vermelha de perfil mais fresco, escoltada por notas florais, terrosas e de ervas, que se confirmam na boca. Tem corpo médio, vibrante acidez, taninos de boa textura e final cativante e suculento, que pede a companhia de embutidos. Aqui menos é muito mais. Verdadeiro lobo em pele de cordeiro.

AD 90

Petit Vervm Tempranillo 2019

TINTO TIERRA DE CASTILLA $$

Tinto certificado orgânico, impressiona pela qualidade de fruta vermelha fresca, pelos taninos firmes e finos e pela facilidade de se beber, parecendo menos complexo do que realmente é. Difícil vai ser ficar na primeira taça.

AD 89

Petit Vervm Verdejo 2019

BRANCO TIERRA DE CASTILLA $$

Branco orgânico elaborado exclusivamente a partir de Verdejo, sem passagem por madeira. Mostra frutas brancas e de caroço maduras, seguidas de notas florais e de ervas, que se confirmam na boca. Gostoso de beber e de boa tipicidade, tem ótima acidez, textura firme e final médio e agradável, com toques salinos, cítricos e de frutos secos.

VICTORIUM III

Região:
Catalunha
Enoturismo: Não
Site: www.benedictumwine.com
Importadora: Cantu

Victorium III pertence ao grupo Reserva de la Tierra, hoje representado por Felipe Giménez, cuja família tem mais de 60 anos de tradição no mundo do vinho. A companhia possui 5 vinícolas próprias e administra cerca de 5.000 hectares de vinhedos, cultivados nas principais regiões da Espanha, como Rioja, Rueda e Ribera del Duero, entre outras.

AD 90 | **Victorium III Reserva 5 Anos Cabernet Sauvignon 2013**

TINTO | CATALUNHA | **$$$**

Tinto elaborado exclusivamente a partir de Cabernet Sauvignon, com estágio de 12 meses em barricas de carvalho. De ótima tipicidade, esbanja frutas vermelhas e negras maduras acompanhadas de notas terrosas, balsâmicas e de frutos secos, que se confirmam no palato. Fluido, cativante e gostoso de beber, tem taninos firmes, acidez refrescante e final suculento, com toques de cassis e de amoras, que convidam a uma segunda taça.

AD 89 | **Victorium III Selección 2 Anos Tempranillo 2016**

TINTO | TIERRA DE CASTILLA | **$$**

Tinto elaborado exclusivamente a partir de Tempranillo, com estágio de 6 meses em barricas de carvalho. Exibe frutas vermelhas maduras (groselha e cereja), ervas secas, couro e toques terrosos. Deliciosa fruta no palato, com acidez elevada, taninos macios e final fresco e agradável.

AD 88 | **Victorium III Gran Selección 3 Anos Tempranillo Garnacha 2015**
TINTO | TIERRA DE CASTILLA | $$

AD 86 | **Victorium III Tempranillo**
TINTO | ESPANHA | $

VIÑA ZORZAL WINES

Região:
Navarra
Enólogos:
Mikel Sanz, Jorge Navascués, Mattias Michelini, Fernando Pérez de Obanos, Julio Prieto e Javier Colio
Site: vinazorzalwines.com
Enoturismo: Não
Importadora: World Wine

Fundada por Antonio Sanz, a Vinã Zorzal nasceu com o objetivo de resgatar as castas autóctones de Navarra. Desde o começo, a vinícola destacou-se com a variedade Graciano, e, pouco tempo depois, tornou-se líder do renascimento local da Garnacha. Atualmente, a propriedade é administrada por Iñaki, Xabier e Mikel Sanz, filhos de Antonio.

AD 94 | **Cuatro del Quatro 2016**

TINTO | NAVARRA | $$$$

Mostra notas terrosas, florais, de ervas e de especiarias doces envolvendo sua fruta vermelha e negra de perfil mais fresco. Mas, é na boca que merece atenção, com seus taninos arenosos e tensos, sua acidez pulsante e seu »

final persistente, esbanjando equilíbrio, precisão e nitidez. Fluido e gostoso de beber, pode parecer menos complexo do que realmente é. Atenção com ele, pois é um verdadeiro lobo em pele de cordeiro.

AD 93

Viña Zorzal Malayeto 2016

TINTO | NAVARRA | $$$$

100% Garnacha. Tomilho, pêssego em caldas e folhas de menta. Em boca, corpo médio, muito frescor e taninos finos, com um toque de couro. Um vinho franco, com corpo médio e grande vibração, que encanta pelo equilíbrio e pela elegância.

AD 92

Viña Zorzal Rosé Garnacha 2018

ROSÉ | NAVARRA | $$$

Num estilo mais estruturado e gastronômico, mostra frutas vermelhas seguidas de notas florais, de ervas e de especiarias doces, que se confirmam no palato, tudo sustentado por refrescante acidez e textura firme. Tem final agradável, com toques salinos e de morangos, que pedem a companhia de polvo grelhado.

AD 92

Viña Zorzal Garnacha 2017

TINTO | NAVARRA | $$$

O nariz traz cereja fresca e belo mineral. Tudo se confirma em boca com um vinho muito elegante, que lembra mais um Chambolle Musigny em sua textura e estrutura. Mesmo com esta leveza de corpo é um belo exemplar para acompanhar pratos elegantes e com o perfil terroso dos cogumelos.

AD 91

Viña Zorzal Graciano 2016

TINTO NAVARRA $$$

Um vinho direto e ao mesmo tempo repleto de fruta e de camadas. A groselha é a protagonista, sobretudo em boca, com taninos granulados, bela acidez, um final a ervas e ligeira cinza de carvão.

VIONTA

Região:
Rías Baixas
Enólogo:
Roger Fernández
Site: vionta.com
Enoturismo: Sim
Importadora: Freixenet

Fundada em 2004, a Bodegas Vionta hoje pertence ao grupo Ferrer Miranda, proprietários também de Solar Viejo (em Rioja), Valdubón (em Ribera del Duero) e Finca Ferrer (no Vale do Uco - Argentina). A vinícola está localizada na província de Pontevedra, a apenas alguns quilômetros da costa atlântica, no coração do Vale do Salnés, berço da Albariño.

AD 90

Vionta Albariño 2018

BRANCO RÍAS BAIXAS $$$

Branco 100% Albariño e sem passagem por madeira. Em nariz, é encantador e intenso, exibindo frutas de caroço e cítricas, além de notas florais e de ervas, que se confirmam no palato. Tem ótima textura, acidez cortante e final persistente, com toques salinos e de casca de limão.

VIVANCO

Região:
Rioja
Enólogo:
Rafael Vivanco
Site: vivancoculturadevino.es
Enoturismo: Sim
Importadora: World Wine

A história da propriedade é marcada por Pedro Vivanco, quando, nos anos 1970, registrou a marca Dinastia Vivanco. Pertencente a uma das primeiras gerações de enólogos da Espanha, Pedro recusou convites de trabalho para criar algo para sua família, porém, durante muito tempo, não engarrafou nada com seu sobrenome, fazendo vinho para outros produtores. Somente em 2004, quando seu filho Rafael assumiu a dianteira da enologia da empresa é que os primeiros vinhos da Dinastia Vivanco foram lançados, juntamente com um museu de cultura do vinho – considerado o melhor do mundo em sua categoria. Atualmente, Vivanco controla vinhedos nas zonas de Rioja Alta (em Briones - onde está a vinícola e o museu -, San Vicente, Badarán e Alesón) e Rioja Oriental (em Alberite, Villamediana, Agoncillo e Tudelilla).

AD 91

Colección Vivanco 4 Varietales 2016

TINTO RIOJA $$$$$

Aqui sua boa acidez e seus taninos firmes e de ótima textura tem papel importante para suportar toda sua opulência e madurez de fruta, conferindo equilíbrio e certa fluidez ao vinho. Tem final cheio e longo, com toques terrosos, salinos e de especiarias doces.

AD 91

Vivanco Crianza 2016

TINTO RIOJA $$$

Tinto elaborado exclusivamente a partir de Tempranillo, com 16 meses de estágio em barricas de carvalho francês e americano. Sempre confiável e consistente, mostra cerejas e groselhas permeadas por notas terrosas, florais, tostadas e de ervas secas, que se confirmam no palato. Estruturado e suculento, tem acidez na medida, taninos firmes e de ótima textura e final persistente, com toques de baunilha e de alcaçuz.

AD 91

Vivanco Reserva 2012

TINTO RIOJA $$$$

Opulento e estruturado, tem acidez na medida e taninos firmes e de textura arenosa, que conferem certo equlíbrio ao seu perfil de maior madurez. Tem final carnudo, com toques florais, terrosos e de especiarias doces. »

AD 90

Vivanco Blanco 2017

BRANCO RIOJA **$$$**

Blend de Viura (50%), Tempranillo Blanca (35%) e Maturana Blanca (15%), sem passagem em madeira, é um vinho de aromas frescos mesclando frutas ácidas como ameixa amarela e a casca da lima-da-pérsia e flores brancas. Na boca, apresenta bom corpo, mantém as notas olfativas bem integradas, com sua acidez e frescor e bastante persistência.

VOLVER

Regiões:
Alicante, La Mancha, Jumilla e Valência
Enólogo:
Rafael Cañizares
Site: bodegasvolver.com/
Enoturismo: Sim
Importadora: Evino

Com uma tradição familiar de mais de quatro gerações ligadas ao mundo do vinho, Rafael Cañizares fundou em 2004 a Bodegas Volver. Atualmente, a vinícola controla vinhedos (plantados, principalmente, com variedades autóctones da Espanha, como Monastrell, Tempranillo, Merseguera e Macabeo) em Alicante, La Mancha, Jumilla e Valência.

AD 91

Tarima Monastrell 2016

TINTO ALICANTE **$$**

Mostra frutas vermelhas e negras em profusão, acompanhadas de notas florais, de ervas e de especiarias doces, que se confirmam na boca, tudo equilibrado por taninos granulados e de fina textura e refrescante acidez. Tem final suculento, com toques terrosos, de amoras e de mirtilos.